中华先贤人物故事汇

贾思勰

陈沐 著

中华书局

图书在版编目(CIP)数据

贾思勰/陈沐著. —北京:中华书局,2020.11(2024.6 重印)
(中华先贤人物故事汇)
ISBN 978-7-101-14385-0

Ⅰ.贾… Ⅱ.陈… Ⅲ.贾思勰-生平事迹 Ⅳ.K826.3

中国版本图书馆 CIP 数据核字(2020)第 024572 号

书　　名	贾思勰	
著　　者	陈　沐	
丛 书 名	中华先贤人物故事汇	
责任编辑	李洪超　董邦冠	
责任印制	管　斌	
出版发行	中华书局	
	(北京市丰台区太平桥西里 38 号　100073)	
	http://www.zhbc.com.cn	
	E-mail:zhbc@zhbc.com.cn	
印　　刷	三河市宏达印刷有限公司	
版　　次	2020 年 11 月第 1 版	
	2024 年 6 月第 2 次印刷	
规　　格	开本/787×1092 毫米　1/32	
	印张 4　插页 2　字数 50 千字	
印　　数	6001-7500 册	
国际书号	ISBN 978-7-101-14385-0	
定　　价	20.00 元	

出版说明

孔子周游列国，创立儒家学说；张骞出使西域，开辟丝绸之路；书圣王羲之，留下了曲水流觞的佳话；诗仙李白，写下了"举头望明月，低头思故乡"的名篇；王安石为纠正时弊，推行变法；李时珍广集博采，躬亲实践，编撰医药学名著《本草纲目》……

这些杰出的历史人物，有的是在中华民族文明进程中做出过突出贡献、对后世产生过巨大影响的思想家、政治家，有的是对中华优秀传统文化的传承传播发挥过重大作用的文学家、艺术家、科学家，有的是为国家安定统一、民族融合团结和中外文化交流做出过杰出贡献的军事家、外交家……他们为中华民族的繁荣发展做出了伟大的贡献，他们的行为事迹、风范品格为当世楷模，并垂范后世。

他们是中华民族的先贤人物。他们的思想、品德、事迹，是中华优秀传统文化的结晶。他们的故事，是对中华民族的禀赋、特点和气质最生动、最鲜活的阐释。他们的名字，在五千年中华文明史上最为光彩夺目。他们为五千年中华文明史书写了最为光辉灿烂的篇章。

为了解先贤，走近先贤，我们精心组织编写了这套《中华先贤人物故事汇》丛书。以详实可靠的史料为依据，以细腻动人的故事为载体，真实地呈现中华先贤人物的事迹、品格和精神风貌，彰显他们的贡献和功绩，以激发人们对国家民族的热爱，对中华文明、中华优秀传统文化的崇敬。

开卷有益，期待这套丛书成为你的良师益友。

目 录

导 读

　　《齐民要术》是我国第一部完整保存至今的大型综合性农书。其内容之广泛、记载之详尽、保存之完整，都是前所未有的。此书不仅在中国，而且在世界范围都很有影响力。

　　该书作者贾思勰为齐郡益都（今山东寿光）人，生活在北魏末年，曾经担任过高阳太守，生卒年不详。《齐民要术》大约写作于530年至540年之间。当时的社会生产力水平较低，且政局动荡、战乱不断，黎民百姓经常颠沛流离，缺衣少食。这种局面深深刺激了贾思勰，他于是把造福百姓作为自己的人生目标。如何使百姓富裕起来，是贯穿《齐民要术》全书的主题。贾思勰结合当时的生产生活状况，通过自己的调查、研究和实践，使已有的经验变成可供实际借鉴的案例，用以指导人们发展生产，增加收入，安居乐业。

为了写作《齐民要术》，贾思勰广泛收集历代文献中关于农业科学技术的资料，共引用了一百五十多种前人著作。许多有价值的前代农书中的重要内容，即因此书的征引而得以保存至今。此外，他在书中还记叙了古籍修补、防治书籍虫蛀、晾书、藏书等种种活动。这些细节都显示出贾思勰非常注重理论知识的积累与学习。

除了书本知识以外，贾思勰还经常向有经验的人请教，在书中援引了很多反映民间实践经验的歌谣以及三十多条农谚，为后人留下了宝贵的资料。同时，他还以自己的实践来验证他人的记载和观点。这样的写作态度与写作方法，使《齐民要术》的内容严谨而详明，堪称后世农书的典范。

史书上关于贾思勰的详细记载虽然不多，然而他的著作却成为千古流传的经典，为后世学者留下了珍贵的史料。

齐民书屋

　　腊月里的一天，在益都的一个村子里，寒风凛冽，大雪纷飞，每家每户的屋檐下都结了长长的冰凌。在一座宅院的厅堂里，飘出了热腾腾的饭菜香，人们陆陆续续进来坐下。

　　一对年长的夫妇坐到靠角落的一张桌子旁，妻子轻声问丈夫："孩子他爹，你说贾老爷会答应咱们的请求吗？"男子摩挲着双手，道："放心吧，老爷是个大好人。"

　　桌边上摆放着一碟蜜姜、一碗菘根萝卜菹（zū，盐菜或酸菜），靠中间的位置摆放着一个蒸猪头、一瓮蒸羊肉，还有一罐鳢（lǐ）鱼汤，几位学徒正从厨房里走过来，分别端着一盆烧饼、一罐粟米酪粥，以及一坛赤粱米酒。

一位中年男子端着酒，走到厅堂中央，只听他道："这一年来，虽然经历了诸多困难和曲折，但是我们田里的庄稼还是获得了大丰收，这都是各位辛苦劳作的结果。古话讲，'力能胜贫，谨能避祸。'这就是说，辛勤劳动可以克服贫穷，谨慎做人可以避免灾祸。在座的诸位，在勤劳与谨慎方面，都是我们村的榜样。明年，请继续发扬这种精神吧！"

接着，他道："从明天起，各位可以回家休息一段时日，好好过个年，待明年春耕开始时，再回到这里。今天这顿饭，是我为大家饯行的，请大家尽情享用吧！"

讲话者，就是府上的主人贾思勰。众人纷纷向他道谢，然后开始大快朵颐。贾老爷挨桌问候，与大家聊聊家常。走到最边上一桌时，他来到那对年长的夫妇旁，一边夹了些菜到他们碗里，一边笑言："李大哥、李大嫂，今年多亏了你们，咱们才有了好收成！"夫妇俩笑着摆手，连连说是大家的功劳。

贾思勰接着说：“这里需要留几个人修理农具、照看耕牛，为明年的春耕做准备。还是和往年一样，你们留下来吧？”夫妇二人面面相觑，欲言又止。最后，老李开口道：“贾老爷，我们年岁都大了，体力已不比从前，所以恐怕无法再为府上效劳了。我们已经商量好，用积蓄在老家买间房舍，几亩薄田，往后就在小村里度余生了。”

　　贾思勰叹口气道：“您多年劳作，积累了那么丰富的经验。这一走，还真是可惜啊！”

　　李嫂道：“老爷，我们跟了您这么多年，当然也舍不得走，可是实在是没有办法……老奴家中哥哥忽然去世，而爷娘尚在，所以我们不得不回家服侍长辈。如果您这边缺人手，不知道看不看得上我们家侄子？由于哥哥去世，因此养家重任落到大侄子身上。他倒是个勤快孩子，我们也可以教他，只是他家底单薄，没有多少地……”

　　贾思勰面露同情的神色，略一思索后，拍拍老李的肩膀说：“我理解二位的难处。我这儿刚好要办一件事，正缺人手呢。哪天有空，把侄儿带来吧。"夫妇俩相视一笑，终于安下心来。

这时候，贾思勰又走到厅堂中央，让学徒拿出一份茅草与泥包裹的东西。众人纷纷猜测，那是什么？原来，前几日贾府杀猪后，把其中一些肉放了一夜。半干半湿时，厨师将肉割成小块，然后用茅草包裹起来，外面用泥封住。

贾思勰指着手里的东西说："这是苞肉。我给你们每人都准备了一份。回家后，把它挂在房子外面朝北的背阴处，可以保存到明年的七八月里，就像新杀的肉一样。"

众人欣然领了礼物，向老爷道谢后，各自归家了。

贾思勰凡事喜欢早做准备，因此过年期间的衣食用度、人情往来之类，已经大致安排妥当。临近春节，府上的人们正在有条不紊地操持着，他则待在书房里，忙里偷闲，读上几页书。

《管子》有言，"一农不耕，民有为之饥者；一女不织，民有为之寒者"；又有言，"仓廪实，知礼节；衣食足，知荣辱"。《左传》上说："人生在勤，勤则不匮。"……这些书他虽然读了很多遍，但是每一次重读，依然很受触动。每天要处理各种纷至沓来的事务，但是只要能在书房静坐片刻，他便又重新获得了力量。

这天，管家风调来禀报："家主，门外有两人求见，说是有种田方面的事情求教。"贾思勰道："让他们进来吧。"来者是一位农夫和一名商人。商人见了贾思勰，作揖道："本地人都说贾老爷精于农事，今天特地上门请教。"贾思勰道："谈不上精通。您有何事？"

商人说："我本是山西壶关人，去年路过此地，觉得这里的米饭香美可口，于是从他那里买了些谷子。谁知道我回家卖给我们当地的农民后，他们种了一年，却只长茎叶不结实！"

一旁的农夫焦急辩解："贾老爷，我卖给他的都是货真价实的好种子啊！"

两人争执不下。贾思勰让他们停下，然后对那位商人说："咱们种庄稼，讲究天时、地利、人和。如果这三样条件都变了，只有种子不变，你还能指望它会结出一样的果实？"商人顿时愣了一下。

贾思勰继续说："我之前在并州（今山西太原）游历过一段时间。并州没有大蒜，有人到朝歌（今河南淇县）取蒜种来种，结果一年之后，从朝歌引种来的大蒜变成了百子蒜，蒜瓣细小，正和天蒜瓣一样！你们再看并州的芜菁（wújīng，一种类似萝卜的蔬菜）根，大得像碗口，有人拿外州的种子来种，结果一年之后，外州引种来的芜菁根也变大了！蒜瓣变小，芜菁根却变大，你们说这些事儿找谁评理去？"

"说出来，你们可能不信，并州的豌豆如果越过河北井陉以东，山东的谷子如果进入山西的上党，种起来都只长茎叶不结实……这些都是我亲眼所见。若究其原因，想必是因为土地条件不同而产生的结果。"

商人还是不甘心："就算是这样，可那些买了我种子的乡亲们一年辛苦全白费了！我以后还怎么卖东西给他们？"

贾思勰安慰他道："每一行都有学问。吃一堑长一智，你就当是缴了学费嘛。我这里有一些种子，在山东与在你们老家，种出来的效果是一样的，你若想要，我可以送你一些。另外，我还整理了一些种植经验，亦可送你。"商人的脸上这才有了点笑容。

过了两日，又有一位老农来诉苦："贾老爷啊，我家那小子认得几个字、看了几本书之后，便像中了阴阳家的魔，啥事都要看日子。可我种了一辈子庄稼，什么时候该干什么事，心里有数得很。怎么到头来还要看黄历？"

贾思勰笑着点点头："回去告诉您家那小子，尽信书不如无书。农谚说得好，掌握宝贵的时机，趁着良好的墒（shāng，指土壤适合种子发芽和作物生长的湿度）情，这才是唯一的上策啊！"老农仰起头来："就是嘛！我这就去告诉他！"

自从几位前来请教问题的农人把贾老爷的回答告诉邻居们后，越来越多的人都喜欢往贾府跑，有些人是来讨教，有些则是因为寒冬腊月里闲来无事，现在总算找到了一个地方打发时光。这样过了几日，贾思勰发现，有不少问题是相似的，于是他告知乡民：明日辰时，凡是本乡农人，都可以来贾府的书房。

次日，早早便有人来了。等到人差不多坐满屋子的时候，贾思勰走到书架旁，道："有不少人都问我，之前是太守，现在回乡休假，为什么一点都不像是当官的，倒像是个农夫？我给大家讲一个故事吧。

"茨（cí）充任桂阳（今属湖南郴州）太守时，当地没有人种过桑树，所以大家都是用乱麻塞进夹衣里御寒。老百姓平时连草鞋都没几双，脚都冻得皲裂出血，寒冬腊月只靠烧火烘烤来取暖。茨充就教导百姓多种桑树、柘树，养蚕，打麻鞋，又叫大家种苎麻……几年之后，大家不但吃饱穿暖了，还赚了不少钱呢！后来江南人学会了种桑、养蚕、打鞋，这都得感谢茨充啊。"

村里的贫困户王二开口了："我一年到头也辛辛苦苦，可收成还是不理想，家里没多少余粮，这是为什么？"

贾思勰笑道："咱们庄稼人，不能仅仅出蛮力，还得用脑子。你们看谷子，虽然表面上差不多，但是不同的品种，成熟有早有晚，茎秆有高有矮，收的子实有多有少，植株的性质有的强韧、有的软弱，米的味道有好有坏，谷粒舂成米，有的出米率高，有的出米率低……如果不懂得这里面的门道，随便种，那当然事倍功半啊！"

王二似懂非懂地点点头，感叹道："这些我都没听说过呢！"贾思勰道："如果懂得规律，就可以按照自己的需求把不同品种搭配着种，那不是可以有更好的结果吗？除了种子，我们也得了解土地。土地有肥有瘠，肥地宜于晚种，瘦地宜于早种。当然，肥地就是种早了也没有妨害，但是瘦地如果种晚了，一定没法结实。"

王二睁大眼睛："这也太难了吧！里面的讲究还真不少呢！"贾思勰道："说难也不难。凡事只要用心琢磨，肯定能学会的。这也正是我今天请你们相聚于此的原因。"

很多古书上都有务农的内容；农户们平时口口相传，也积累了不少谚语和经验……但是平时大家都不怎么重视，所以它们很容易失传。贾思勰打算汇总古代的农书，搜集民间谚语，请教有经验的老农，再加上自己种种地……然后把所有值得借鉴的内容都记录下来。当然，依靠单个人的力量是不够的，还需要集思广益。所以他想请大家共同参与到此事之中。

王二问："以后我可以常来您这儿吗？"贾思勰道："当然可以！以后，我这间书房就叫齐民书屋，你们有问题都可以来这里商量。"

整个正月都满溢着欢喜。初一，贾思勰给父亲敬上花椒酒，祝福父亲长寿；到正月十五那日，他拿了一些专门配制的滋补品、散药、外用药，再次去看望父亲。父亲接过这些药膏，很是欣慰。他试探性地问儿子："你去年回到家乡，是为了给母亲守孝。三年期满后，可有什么打算？"

贾思勰道："孩儿以后就在家乡照顾父亲，种地务农。"父亲皱了皱眉："现在就告老还乡，是不是太早了？短暂地隐居乡间是可以的，但是时间长了，恐怕不适合。"

贾思勰道："自杜葛之乱（指北魏末年杜洛周、葛荣之乱）以后，政令日衰，动乱不断。现在恐怕不是出仕的好时机。"父亲叹了一口气道："那你难道就在这个村子里待一辈子？你堂哥贾思伯、贾思同他们二人都是回家乡待了几年后，再次出山。贾思同官至散骑常侍，兼七兵尚书；贾思伯官至南青州刺史，你不妨学学他们。"

贾思勰低下头，轻声对父亲说："两位堂哥一直对我帮助颇多，我对他们自然很是钦佩。只是现在天灾人祸不断，普通百姓的生活苦不堪言。我与其投身前程莫测的官场，倒不如尽自己的力量改善父老乡亲们的生活。"父亲心里五味杂陈，最后只好说："你要照顾好你自己。"

与父亲的谈话，也使得贾思勰内心很是纠结。一方面，他很不想让父亲失望；但是另一方面，农事对他而言又有着巨大的吸引力，他的一切思绪、情感、对未来的设想，总是不由自主地与贫苦的村民联系在一起。

他回到书房，拿起《淮南子》。"圣人不耻身之贱也，愧道之不行也；不忧命之长短，而忧百姓之穷。"大禹为了治水，在阳盱河上不惜献身，为解除洪灾而祈祷；商汤由于遇到连年的旱灾，甘愿牺牲自己在桑林之旁，祈求上天降雨……想起这些先人，他的内心又慢慢有了力量，平静下来。

早春时节，田野里虽然还是光秃秃一片，然而远远望去，已经渐渐泛出青色。到了三月，柳絮纷飞，艾叶丰茂，天地间充盈着蓬勃而清朗的气息。雇工们陆续回到贾府，贾思勰一一给他们分配了任务：有人负责收采艾和柳絮；有人负责开通沟渎，修治墙壁房屋；还有人油漆器物，煎制各种药膏……

此外，他还宴请了村里的一些大户人家，他们在一起聊了聊防盗的事情。一位说："这个月，有些穷人冬天储蓄的粮食已经吃完了，但是桑葚和麦子还没有成熟，大家要提防盗贼啊！我最近就加固门户了。"

贾思勰点点头："确实要注意防盗。不过，我们也要顺应万物向荣的天道，散布恩德，赈济穷困挨饿的人。"富户感叹："穷人那么多，哪里帮得过来啊？"贾思勰答："可以先施与同宗族的人，从最亲的人开始嘛。"

有人问："你这样是图什么呢？是为了名吗？"贾思勰道："《论语》曰：'百姓不足，君孰与足？'虽然孔子说的是治国，但是一村一县，又何尝不是如此？如果村里还有穷人，我们也不可能真正富足啊。"另有一位附和道："确实。盗要防、租子要收，但是该救济时也是要救的。"

村里的农户们与贾思勰熟了，渐渐少了最初的拘谨，大家越来越喜欢到齐民书屋里请教农事，交流信息。趁着现在还没有进入农忙阶段，贾思勰只要有空，就给他们分享农业方面的心得。

"山上的农田，要种植植株强韧的苗，以避免风霜之害；低湿的田地，要种植植株比较软弱的苗，这样就可得到较高的收成。种谷子的地，之前如果种过绿豆、小豆就最好了；如果是种过黍子、芝麻的，地就没那么肥了……"

四月到来，村庄里开始忙碌起来。蚕已经上簇结茧，雇工们加紧缫（sāo，把蚕茧浸到热水里，抽出蚕丝）丝、剖制丝绵，同时准备机杼（zhù，古代指梭），细心地上经络纬；厨房里的帮工把炒面同枣泥相和，制成点心，用以招待宾客。

村里的农户们喜欢到齐民书屋里请教农事，交流信息。

安排好各种活计后，贾思勰来到田野上。看到微风轻抚过大片的青草，他问一位干活的农夫："为什么你们不把这些青草割下来喂牛？"农夫答："我们这里没有人在四月收割牛草。"

贾思勰感叹：四月的青草养分很好，与五谷类饲料没有区别，可惜囿于流俗，却没有人把它们当做饲草，真是可惜啊。后来，在齐民书屋聚会时，他告诉村民们，四月的青草可以割下来喂牛羊。

五月，天气渐渐湿热起来。贾思勰提醒管家："马上就要连着下好些天的雨了，咱们周围的道路又该泥泞难行了。"风调道："是啊，我这就储备些米谷、柴炭铺上去，免得到时候通不了路。"

这个月阴气滋长，阳气消退，人身上血气的消耗多，脾胃消化差。贾思勰担心父亲的身体，于是他吩咐厨师丰登准备几样清淡的小菜，并用酒溲（sōu，浸泡）和了一些发面，做成饼。做好后，他提着食盒去看望父亲。

有些日子没见了，父亲仔细打量了贾思勰，略带心疼地说："你最近很忙吧？都有几根白头发了。"贾思勰道："父亲放心，我身体无碍的。"接着他拿出面饼、腌瓜、荷包蛋，叮嘱父亲："您最近应该吃得清淡些，别吃肥腻浓厚的东西。"

父亲笑了："你带来这么多东西啊，我哪里吃得完。"贾思勰说："您放心，我给您带来的面饼很容易消化，吃了能滋补脾胃。您要记住，到立秋以前，千万别吃煮饼和水溲的死面饼。因为夏天喝的冷水多，这两种面食碰上冷水，便坚硬难以消化，弄得不好，就会得积食伤寒的病。"

父亲接过食盒，内心很是欣慰，却又很心疼儿子："你每天都这么尽心地为大家做事。可是你现在并不在任上，再辛苦也没有任何政绩。你可甘心？"贾思勰笑言："我能守在您身边照顾您，同时还能为家族亲戚们尽一些绵薄之力。人生如此，夫复何求？"父亲见儿子态度如此坚决，只得由他去了。

书房里的手艺

　　清早，一位年轻人来到贾府。管家风调想起来，这是在腊月的答谢宴上，老李夫妇曾经向贾老爷提起的侄子，他叫五谷。风调安排他做一些修理农具、喂养耕牛的活计。有一天晚上收工后，风调让他明早到贾老爷的书房去。

　　五谷长得颇像年轻时的老李，话也不多。贾思勰见到他后，询问了一些基本情况，然后说："从今天开始，你来帮我把书入潢吧。"入潢，就是用黄檗（bò，黄檗是一种落叶乔木，茎可制黄色染料）将纸染成黄色。

　　贾思勰拿出一摞白色的写满字的生纸，告诉五谷："这些是我夏天时写的，最近趁着农闲，正好可以给它们染色。"

五谷跟着贾老爷走到书房旁边的一间小屋里。他好奇地打量着这间屋子：靠窗处有一个炉子，旁边摆着一个旧书架。书架上搁置了布袋、药材、熨斗、陶盆。其中一个陶盆里装满了水，水里泡着黄檗，水色已经泛黄……

贾思勰用笊篱把黄檗捞出来，在小石臼里捣碎后，倒入另一个陶盆，然后放在炉子上煮。等到盆里的水色泛黄后，他又将黄檗捞出，装入布袋后用力挤压，把汁液挤出来。接着，他把这个陶盆里的水都倒进第一个陶盆里，再装些清水进去。之后，贾思勰还是像刚才一样，把煮过的黄檗放进小石臼里捣碎，然后把渣滓放进陶盆里接着煮……

趁着煮黄檗的工夫，贾思勰告诉五谷："别人把黄檗浸出黄汁后，就把渣滓扔掉，只用第一道纯汁，这样太浪费了。我的方法，是捣三次煮三次。把三次所得液汁全部添加到第一道纯汁里，这样就省了很多染液，而且黄汁经过过滤，更加清明洁净。"

五谷似懂非懂地听着。他原本以为是来学农

的，却没想到贾老爷教他这些。学这些有什么用呢？……"你去拿一张写了字的纸过来。"老爷的吩咐打断了他的思绪。

贾思勰已经制作好了液汁，现在要正式染色了。"这写书的底纸，都是生纸，生纸厚而柔韧，特别适宜入潢。染黄色时，只要不见白色底子就行，不要染深了。染得太深，年份久了就会变成暗褐色。"他一边染色，一边告诉五谷注意事项，最后说："从明天开始，你就试着自己入潢吧。"五谷踟蹰了一下，道："多谢老爷传授入潢之法，只是小的从来没试过，怕万一把书染坏了……"

贾思勰笑道："这有何妨。书架上的纸，都是草稿，你用它们试试手。待你能够染出稳定的黄色，我再将正式的书稿交给你。"五谷松了一口气，决心好好干——虽然他还是有点疑惑，为什么老爷会让没有任何经验的人来做这么细致的活计。

有一天，齐民书屋的访客离开后，贾思勰来到书房旁边的小屋。他翻看五谷染过的纸："不错，你染的颜色越来越均衡了，色泽也深浅适宜。"接着，他从书架下层的一个木箱里取出一摞写了字的纸，让五谷从明天开始为这些纸入潢。

待要离开书房时，贾老爷忽然想起一件事。他从书架上拿下一块雌黄，放在清硬的石头上用水磨，慢慢磨成粉末状。他交代五谷，明天出太阳时，把这些粉末拿到窗台下晒干。

过了几个月，天气转暖。连着下了好几场雨后，有一日，天空忽然放晴，阳光照射在湿漉漉的青草以及凋落了的花瓣上，空气中弥漫着初夏的味道。贾思勰对五谷说："明天如果还是晴天，你手头的事情就可以放一放了。"

五月天气湿热，虫子、蚊蝇都活跃起来，书卷也很容易生蠹虫。五谷拿着正在入潢的书籍，问："您有什么安排？"贾思勰道："从这个月十五日以后，到七月二十日以前，我们要把所有的书卷都展开三次。"

五谷问："是要放在太阳下晒吗？"贾思勰连忙摆手："切切不可。暴晒会让书的颜色变暗。而且把书卷晒热了，相当于为蠹虫创造了温室，那样更容易生虫。最好是趁天晴的时候，把书放在大屋里通风之处，别让太阳照到它们。"

次日一早，五谷便按照贾思勰所说的方法，把书卷展开在书房通风处。这一天照例有一些农人到书房来，大家看到地上展开的书卷，觉得很新奇，纷纷翻开一窥究竟。王二拿起一卷书，翻开看时，一不小心把一张纸弄破了。

五谷把书拿过来，颇觉可惜，同时也懊悔自己没有提醒管家，展书的几天就别让人进书屋了。王二不知所措，旁边的人也停了下来，不敢再碰书卷。

这时，贾思勰走过来，仔细看了看破损的书卷，道："之前我没有给你们讲过应该怎么看书，所以发生这样的事也难免。正好趁这个机会，我来给你们讲讲看书的注意事项吧。"

他拿起一卷书，说："凡是打开书卷来读，卷头首纸不可卷得太紧，太紧了会拗折，折了便会破裂。"接着，他又示范了读完后如何把书卷起来，以及怎样系书带。

等到访客都离开了，贾思勰让五谷把刚才被王二损坏的那卷书拿到隔壁的小房间里，他要传授修补之法。"书卷上有破损的地方，别人一般是撕一块大纸补贴在下面，这样往往会皱缩不平整，修补处结着又硬又厚的疤痕，它们又会造成新的破损。"

贾思勰撕下一张薄得近乎透明的纸，告诉五谷："用这样的薄纸来修补，就显得细致入微、两相吻合，几乎看不出痕迹。"他示范了一遍。五谷默默记下步骤，又拿出书架上另一卷书，道："这是前些日子发现的一处破损，裂开处有些弯曲，不知如何修补？"

贾思勰说："这个不难。裂开的地方如果是弯曲的，就该蒙张纸在上面，随着破裂处的纹理，撕出'补丁'的形状。如果不先对正原来裂口的纹理，随便撕条斜纸来补，也会使书皱缩不平的。"

之后两个月，五谷又把书卷展开了两次，同时也把书房里破损的书都整理出来，陆陆续续地修补好了。有一天，贾思勰到书房来，把补过的书纸举起来透着亮光看了一会儿，道："补得很好！如果不仔细看，简直和原来一样。"

五谷不好意思地笑了，随后问道："老爷，

那日磨成粉末的雌黄，已经晒干了。不知是作何用？"贾思勰微微一笑："我差点忘了。之前我写过的一些内容，现在看来要改改了。我且教你一遍，以后就由你来修改了。"

说着，他把晒干的雌黄粉末放入瓷碗，研得细腻匀熟，再把牛皮清胶加热融化，连同研熟的雌黄一起放入铁臼中，拿铁杵捣和匀熟。最后，把它作成像墨一样的墨锭。这便是雌黄胶。

贾思勰道："今天我有些累了，这块雌黄胶就先让它阴干备用吧。明儿早上，你给它加点水，研磨成黄汁，我就可以用笔蘸来涂改文字了。"五谷默默记在心里。他忽然想到一个问题："老爷，涂改文字是要在入潢前还是入潢后呢？"

贾思勰答："凡是用雌黄涂改文字，等潢好之后再涂改为好。如果先涂改而后入潢，黄色便渗出退散了……"五谷点点头，又道："小的从来没有接触过这类活计，若有错漏之处，还请老爷不要怪罪。"贾老爷笑道："其实，最初让你来书房帮工，就是因为你没有做过这类活计。"

五谷不解。贾思勰解释道："我的方法与别人不同，所以就喜欢没有经验的人，这样可以从头教起。就比如这雌黄，有些人偷懒，在碗里临时将雌黄调和胶汁来用，这样就算胶汁和得再多，久了还是会剥落。由于你从来没接触过，所以可以完全按照我的步骤来。如果以前学过一些不好的经验，反而更容易出错。"

五谷恍然大悟。他又想起一件事："老爷，书卷已经展开过三次，今天是不是可以收起来了？"贾思勰道："可以放到书橱里了。书橱里要放些麝香、木瓜，免得生蠹虫。"

说到防虫，贾思勰忽然想到现在气温升高，各种害虫都蠢蠢欲动了。于是他向管家问起防虫的事。风调早已开始准备了：解去了角弓弩的弦，并解下徽弦；把竹木制的弓弩装入弓袋，解下弦；用灰保藏毡子、裘皮、毛羽用品和箭翎……另外，他还把折叠着的油衣用竿子挂起来，免得天热潮湿会粘结。

农忙季节，齐民书屋不怎么有人来了。只有在没法下地干活时，才有人来坐坐。有几天连着下

贾思勰解释道："我的方法与别人不同，所以就喜欢没有经验的人，这样可以从头教起。……"

雨，贾思勰便给大家讲了讲如何防备灾害："我们无法预测年景，所以最稳妥的方法就是什么都种一点，因为不同的作物耐水耐旱性能是不同的。以谷类为主，然后错杂着种些黍、稷、大麻、麦、豆，借以防备灾害。千万不要只种一种，那样风险太大了。"

王二问："除了五谷，还可以种点啥？"贾思勰道："稗子也可以作为主食，它特别适合防备荒年。还有一样东西，我们不怎么在意，但是在荒年是可以救命的。"

众人很是好奇，纷纷猜测那是什么东西。贾思勰道："酒客上任梁县县长时，他预测三年内有大饥荒，于是叫老百姓多多种芋。后来果然应了他的话。百姓由于听从了他的建议，所以没有饿死。现在，大家不把芋当一回事，忘了它可以救饥荒、度凶年，所以很少种。然而一旦灾害袭来，就满路饿殍、处处白骨！这真是可悲啊。"

众人想起以往灾年时饿肚子的情景，不禁黯然。王二道："咋都快哭了？今年一直风调雨顺的，这眼看着就要丰收啦！贾老爷给我们讲讲，要是大丰收了怎么办？"

贾思勰笑了笑说："这个问题好！到了孟秋七月，就要修理房屋，涂塞墙壁了。所谓'家贫无所有，秋墙三五堵'，为什么呢？秋天的墙坚固耐用，也算是穷人的家当。墙里可以多储蓄些蔬菜，再积累点其他东西，开始为过冬做准备了。"

"现在还是七月，就要为过冬做准备，这也太早了吧！"有人说了一句。贾思勰答道："凡事宜早不宜迟。再说，过一段时间，我也很少有空闲来给诸位讲课了。"

九月，村民们忙碌起来，每天都有干不完的活：除了抢收庄稼，还要把菜圃地筑坚实作为打谷场，用泥涂抹芦苇编成的粮囤，修治贮藏种子的箪和土窖。而大户人家以及官府，还要修缮各种兵器，练习战斗和射箭，以防御冬天饥寒穷困的盗寇。

十月，庄稼已收获完备，秋风中的寒意越来越重。工人们修筑围墙和墙壁，查看窗户，及时堵塞漏风处，并用泥涂封好门缝。厨房的仆人浸渍酒曲，酿造冬酒，制作脯肉和腊肉……白天的喧嚣渐渐消失，入夜后只剩下秋虫的鸣叫。

"七月在野，八月在宇，九月在户，十月蟋蟀入我床下……"贾思勰在书房里合上书本后，不禁想起同宗族里那些鳏寡孤独、贫病交加之人，他自言："天气转凉，需要分出些富余的粮食去慰问他们了。"

解救贫女

　　连续下了好几天雨，这一日终于晴了。一个十几岁的小姑娘挑着两桶水，走在泥泞的路上。她小心翼翼地盯着水，以免洒出来。"哎哟！"她忽然滑了一跤，连人带桶倒在地上了。

　　木桶撞到一块大石头上，水哗啦啦地往外流。她顾不得看自己身上有没有受伤，赶紧查看木桶是不是摔坏了。"糟了，水桶漏了！"她吓傻了，呆坐了一会儿后，面色苍白地走回家。

　　一个中年男人见到她挑着两个空桶回来，而且木桶摔坏了，立刻跳起来骂道："把桶摔破了还有脸回家？败家的东西！"他拿起挂在扁担上的铁钩，朝女孩头上砸去，女孩儿顿时头上鲜血直流，她在惊吓中昏了过去……

第二天，王二早早去了齐民书屋，他见到贾思勰便问："贾老爷，您能帮我一个忙吗？"贾思勰问他何事。

王二答："我家隔壁有一对夫妇。前年，男人出了意外，就这么走了。只剩下女子一人带着两个娃。他们常常吃了上顿没下顿。于是有人帮她介绍了一个外乡来的木匠。木匠脾气很臭，两个孩子从此没好日子了。特别是他家闺女小娥，经常要做重活，挑水洗衣做饭，拾柴喂猪带弟弟……一不小心就要被这继父毒打！"

王二眼圈红了，说起昨天她被继父打得头上出血的事情。贾思勰问："你是想让我收留小娥？"王二满眼祈求地望着老爷，点了点头。贾思勰问："为什么他们不离开木匠？"王二说："因为要靠他养家呀。"贾思勰点头："只有能养活自己，才能救自己。"

清早，王二领来了一个瘦弱的小姑娘，管家风调道："老爷已经吩咐过了，我带你们去见夫人。"

王二眼圈红了，说起昨天小娥被继父打得头上出血的事情。贾思勰问："你是想让我收留小娥？"

风调拎着一盒东西，带他们一起去浣衣房。

贾思勰的夫人正在为工人们吩咐任务："现在天气转暖了，我们要浣洗冬天的衣服。绵衣中的丝绵可以拆出来，另外还得裁制夹衣，如果还有多余的绸料，可以作成秋衣……"她望见了王二和新来的小姑娘，然后接着和工人们说衣服的事。

夫人看着最近洗的衣服，微微皱了皱眉："这件旧帛又是用灰汁（植物灰浸泡过滤后所得之汁。主要成分为碳酸钾，呈碱性，可供洗濯用）洗的吧？你们瞧——"她把衣服拿到阳光下，对工人们说："用灰汁来洗，颜色会发黄，质地会变脆。所以，以后要记得用皂荚来洗。"

吩咐完毕后，风调向夫人请安，随后道："大家每天都把手浸在水里，贾老爷担心你们，所以让我给送来一盒东西暖手。"他把盒子打开，众人纷纷凑过来，只见里面是一些灰黑色的蛋。

小娥从未见过，不知道那是什么。风调拿出一个小火炉道："你们看，这个火炉里的火种，就是这种小蛋，可以烧着保存在火笼、火炉里。它们很耐用，可以从傍晚烧到天亮，比炭强十倍呢！"

虽然气温回暖，但是手在水里泡久了还是很冷。众人摩挲着双手哈气，见到这些"火蛋"，都很高兴，有人问："这火蛋咋做呢？您教教我们呗。"

风调一边分发，一边道："把炭堆下面的碎末捣细，再筛一遍，用煮沸的米泔水来溲和，然后摇匀捣熟，团成鸡蛋大的圆子，最后晒干就行了。"小娥心想：把这玩意放到火炉里，真的可以烧一夜吗？家里那么冷，要是娘和弟弟也能用上就好了。

洗衣工们拿着"火蛋"纷纷散开。风调走到贾夫人跟前，说了几句话，随后让王二和小娥到夫人跟前。夫人问道："这孩子真瘦啊。几岁了？"小娥怯怯地回答："十三了。"夫人点点头："这两日先休养一下，看看别人是怎么干活的。等你头上的伤好了，就去浣衣吧。"小娥轻声地答应了。

没过几日，小娥就跟着其他的女工们一起去洗衣。她虽然个子小，但从小就熟悉各种家务活，所以洗起衣服来又快又干净。由于有了她的加入，冬天的衣服很快洗完了。接下来几天，就要漂洗生绢了，它们是做衣服的原材料。

这天下午，夫人给大家演示如何漂洗生绢。她先把生绢全部浸入水中，一边来回搅荡一边说："把它没入水中，每天来回荡涤几次，六七天后，水有点发臭时，再拍打拍打，洗掉污物和臭气。照这个方法洗，生绢又白又柔韧，比用灰汁漂洗好多了。"小娥默默记在心里。夫人演示完后，叫小娥留下，其他洗衣工们纷纷散去。

夫人轻抚小娥的伤口，问："头不痛了吧？""不痛了。"小娥怯怯地说。夫人笑了："你洗的衣服很干净。"说着，拿出几件很精致的衣服，"这几件是要送人的，所以需要用特别的方法来洗，我教你一遍。"

夫人拿出一把豆子，倒进石臼里轻捣，告诉小娥："拿小豆捣成粉末，然后用绢筛筛下细粉，放入热水中，用来洗帛，洗出来像新的一样，比皂荚还好。"小娥点点头。

小娥很聪明，什么活儿看一遍就能做得像模像样，很快她就学会用细豆粉来洗帛，也学会了用炭末来做"火蛋"，一有空闲，就做上几个。这一日，她把一批干净衣服交给夫人，说："夫人，这些衣服已经洗好了，您看看可以吗？"

夫人接过检查了一下，道："以后这类衣服，都交给你洗。"小娥很高兴，随后又面露忧戚。她问："夫人，我可以回家看看娘吗？已经有一个月没有见到她了……"

夫人道："我们这里的雇工在平常日子里是不能休假的，但是你年龄尚小，所以我允许你去一趟，不过别耽搁太久了，要不然别人也会有意见的。对了，你可以去厨房拿点东西，在路上饿了可以吃。"小娥谢过，便飞奔而去。由于不敢和继父见面，她就躲在屋子后面的树林里，让王二转告，然后悄悄地等娘出来。

不一会儿，娘出来了，小娥扑在她怀里，然后把"火蛋"和一些吃的给了娘。母女相见，本应有很多话要说，可是娘却不敢和她待太久。娘拿出两个馍给小娥："你以后不要再回家了，你继父总是以为我把家里的东西拿给你吃，其实家里哪有什么东西？我怕他见了你又要打你，拿着这两个馍，你赶紧回去吧……"

白日越来越长，夏季很快到来了。夫人对众人说："冬天的衣服，大家洗得不错，现在大家可以换些轻松的活计了。比如做些秋冬的夹衣、薄绵衣，还有染布染绢之类。明天，咱们就先做蓝靛（diàn，用蓼蓝的叶子发酵制成的深蓝色染料，用来染布，颜色经久不退）吧。"

众人忙了几日，做好蓝靛后，夫人又带着大家用蓝靛给粗布染色。这些布可以用来给家里的仆人们做新衣服，也可以缝制门帘。小娥之前从来没有见过制造染料，也从没见过染色，所以她对整个过程非常好奇，每天早早便醒来，跟着大家一起到染坊。

小娥第一次染布，她细心地观察，随后自己慢慢摸索、尝试。染过几次后，她已经可以独自完成了。这个月的染坊让她目不暇接。八月初，有人摘了许多甘棠叶子，准备染大红色和紫褐色的布料。据说一棵成年的甘棠树，每年所收叶子的利益就相当于一匹绢。

贾府里伙食好，小娥渐渐壮实了些，脸上也泛起红润，不再是过去的瘦弱之态。她经常向大人们请教，慢慢地，掌握了染各种颜色的方法，比起刚进来时长了很多见识。只是，闲下来时，她会垂下头，默默发呆。

有一次，王二来看她，问道："小娥，你怎么这么久都不回家看看？夫人不是准你一个月回去一次吗？"小娥低着头，说了上次回家的情景。王二安慰她道："别担心，你以后出息了，可以把你妈妈、弟弟接到身边。贾府这样的大户人家，肯定需要人。我看看，还有没有什么事情缺人手。"

这天，王二和管家有一句没一句地聊着。王二问，这个季节大家都忙些什么？

管家想了想，告诉他："眼下是十月，田里的事情没多少了，要做就得做点其他事。"王二连忙问是啥事。管家答："贾老爷在靠近城镇里集市的地方，种了些葵菜，这会儿需要撒播种子了；另外还得捡些柴火，等着冬天取暖；此外冬天的衣服，也得做起来了……你朋友做得来这些事情吗？"王二道："不会可以学嘛。我也想找点事情做呢。"

这天一早，夫人来到染坊，对大家说："今天清理一下东西，明天我们就要搬进城里去了。裁缝、浣衣工、染衣工，大家都好好准备一下吧。"小娥去找王二，她焦急地问："我们明天就要搬进城里了，你下次如果能进城一趟，可不可以带上我弟弟？我想见见家人……"

王二听了有点惊讶，但随即又高兴地说："小娥，你放心，这事肯定能成。贾老爷府上需要人呢！"小娥疑惑地望着他，王二解释道："我听说，每年冬天，他们都搬进城里来住，晚上女工们聚集在一起，又能干活又能取暖，还能节省照明的费用。"

小娥问："你觉得我妈妈可以来？"王二点头："他们肯定希望多来些人。如果晚上聚在一起干活，那么一个晚上就相当于半个白天，一个月等于要干四十五天的活。"

次日一早，管家安排好了车马，大家收拾好行李，跟着夫人一起进了城。到了城里的府邸，很快大家都安顿下来了。天黑以后，小娥跟着其他女工们一起到厨房里来，只见屋里火炉已经烧上，蜡烛也点上了。屋里有一排桌子，上面放了些绢麻。

夫人道："从今天开始，咱们每天晚上就坐在这儿缉绩麻缕。干活累了就歇会儿，聊聊天。生手若是不会，就向熟手请教。"说完，她看了看小娥。小娥点点头，接着便开始观察那些熟练女工们的动作，遇到看不懂的地方，便问她们要怎么做……

贾府在城郊有一些菜地，白天，她们有时候会去菜地里做点事，有时候会去附近林子里拾柴。而大部分时候，都是在屋里干活。到晚上，渐渐也会有同一条巷里的别人家的女人过来，大家聚集在一起，小娥也渐渐知道了很多城里的事情。她特别留意还有没有干活的机会。

这一天，小娥正在屋里织布，忽听得外面有人叫她。出来一看，原来是王二。他道："我也得了个活计。这附近有很多葵菜地，要赶在十月底，地快结冻前撒播种子，撒完后还要耢（lào，平整土地用的农具）盖，之后整个冬天都得人打理，我说我想去城郊，贾老爷就让我来管这片地。你弟弟要是愿意，也来和我一起吧！"

两人商量了一下，王二便回小娥家中，打算去接她娘和弟弟过来。小娥也央求夫人收留自己的母亲。夫人考虑到小娥的母亲也很年轻，是个不错的劳力，而且母女在一起，小娥干活能更安心，所以很快就同意了。

冬天来了，已经下过第一场雪，雪停后，大风呼啸而过。王二和一个小男孩在葵菜地里把雪按压在菜地上，不让风吹走。之后又下了几次雪，每次下完后，他们便耢压一遍。因为这样可以保住水分，将来长出的菜叶子不会生虫。

正月里，地面化冻了，王二赶着羊，在地里尽情踩踏。小男孩也跟着蹦蹦跳跳，大喊大叫。王二道："雨顺啊，别老在一个地方蹦，整个菜地都要踩到的。"之前贾老爷嘱咐过，如果不踏松，地表就会干涸，只有踏松了才能保得住润泽。

王二抬起头望着远方，心里憧憬着，等到春天回暖的时候，杂草长出，葵也都出苗了……"姐姐！妈妈！"小男孩忽然飞快地朝远方跑去，王二这时看到，小娥领着她娘，正往这边走。"给你，这是夫人分给我们的干果和饴糖。"小娥递给雨顺一袋零食，雨顺高兴地在菜地里跑来跑去。

学习种树

　　每到年底，大户人家都会仔细盘点这一年的整体收支状况。这天上午，风调拿出账本，向贾思勰介绍了今年各项收入和开支，然后说："今年收获的粮食和各类作物比去年多。只是，救济与馈赠方面的负担比往年更重了些，所以……"贾思勰道："今年年成比去年好，庄稼都大获丰收，为什么救济的支出反而更多？"

　　风调叹了一口气，告诉他："贾老爷乐善好施的名声越来越响，村里有些人就动起了歪脑筋，故意装病，骗取救济。这是咱们府上的雇工私下里告诉我的，他们都很鄙夷这些贪便宜的懒汉……"贾老爷点点头，沉吟片刻后，他把五谷也叫了过来。

贾思勰说:"我们捐赠粮食给同宗族里的孤寡老弱者,可是有些人却通过装病来达到不劳而获的目的。依你们看,有何解决之道?"风调道:"我以后会更加严格地审查,尽量不被蒙骗。"五谷犹豫了片刻后,方才开口:"我们村里有不少穷人,如果不是走投无路,根本不愿开口向别人借钱借粮的。"

贾思勰点点头,接着给他们讲了汉代黄霸的故事。黄霸任颍川太守时,规定驿站和乡官等下级官吏,都要养上鸡和猪,用来资助穷人。如果有独居老人去世了没法安葬的,就由乡里送上报告,黄霸都一一解决。他会告诉下属,哪里有大树,可以用来做棺材;哪个驿站上有生猪,可以用来祭祀……

风调听后问:"您的意思是,要多养些牲畜?"贾思勰答:"我们不能硬般他的做法,但是可以借鉴他的思路。比如,通过分发实物与用品来救助穷人,而不仅仅是粮食和钱财。"

风调忽然想起一件事:"我有一位朋友,年少时,他家里没有地,只能在一片荒山上种了些树。没承想,这些年他的日子越来越好。这么多年,我都没见过他种粮食，但是还丰衣足食的，你们说这是不是奇事！"贾思勰让风调邀请那位朋友到贾府来。

尽管现在到了农闲季节，但是这一次，来书屋的人没有以往那么多，等了一两个时辰，也只来了几个人。风调看了看外面的天，告诉贾老爷："天气寒冷、雨雪交加，今天大概不会再来人了。"贾思勰点点头，然后走到书房中央，道："我给大家讲个故事吧。董奉独自隐居在庐山，擅长给人治病。他治病不收钱，只让病人种树。重病治好了的，就在山上栽五株杏树；轻病治好了的，只栽上一株。几年后，那片山上已经有杏树十几万株。杏子成熟时，漫山遍野一片金黄，果香袭人。董奉告诉前来买杏子的人说：'不必当面来说，自己去拿就是了。带着一个容器的谷来，就换得同一容器的杏子去。'

"有人只带来很少的谷，却拿了很多杏子，结果马上有五只老虎来追。这人吓得赶快跑，担子也倾倒了不少……如果担子里面剩下的杏子刚好跟原来带去的谷一样多，老虎也就回去了。从此以后，买杏的人都在林中自觉地平心量取，唯恐多拿去。董奉就把所有的谷全都赈济给贫困的人。"

王二听完，感叹道："我也想遇到这样的神仙啊！那老虎也够仗义的！不过哪里能碰上这么好的事儿嘛！……"

贾思勰哈哈大笑说："有没有神仙不重要，这个故事主要是告诉我们：杏子能养活人。嵩山东北有座牛山，山上杏树很多。自从战乱以来，百姓挨饥受饿，都靠这杏子来活命，个个都能吃饱。

"大家想，一种杏子尚且可以赈济贫困，救活灾民，何况五果、蔬菜之类？谚语说：'木奴千，无凶年。'为什么呢？木奴就是树，树上长出的果实可以在市场上直接换得五谷呀！"

众人渐渐有了兴致。有人问，种什么树最省力，而且收益又高呢？贾思勰笑言："今天我给大家请来了一位老师，他种了很多年的树，大家有什么想问的，都可以问他。"说完，他就请一位老者走到书房中间。

此人面色黝黑，身材精瘦。他道："大家别叫我老师，就叫我老林吧。我与树结缘，主要是因为年轻时身体不好，种不了粮食，就只好在房前屋后，以及无人耕种的山林里种一些树，然后摘了果子去换粮食，或者砍了木材给人做家具。"

说完，他咧开嘴笑了，大家等着他说下去，他只说："我不大会说话，你们想知道什么就直接问吧。"

一位脸庞圆白、身材微胖的年轻男子站起来向老者行礼，然后开口问道："我是贾府的厨师，名叫丰登。我也很想种些树，只是没有多少时间。不知道种什么合适？"

老林沉思片刻，道："你这种情况，种榆树最合适。你只管好好种，收益比种庄稼还高呢。榆荚、榆叶可以卖掉；树枝可以砍去作椽木；梜（jiā）榆可以用来旋成陀螺和小杯子；长到十年之后，可以旋成饭碗、瓶子、酒罐和其他器皿；十五年后，可以作车毂（gǔ，车轮的中间部分，有圆孔，可以插轴）……"

丰登问："为什么您说种榆树比种庄稼的收益更高呢？"老林略一思索，算了一笔账——

"橡木一根值十文钱，一个碗七文钱，瓶子和酒罐子各值一百文钱，车毂一具值三匹绢……将来等你有了孩子，给他们每人预先种二十株小树。到了结婚的年龄，不算其他收益，一株树可作三具车毂，一具值三匹绢，这样就有一百八十匹绢！聘礼或嫁妆，都可以应付了！"

丰登道："砍了之后呢？又要重新种吗？"老林摆摆手："不用，就算把树干砍了，根茬上又会长出新条来。而且种榆树既没有牛、犁、种子、人工的劳费，也不怕灾害，所以很省心。"

丰登听了大喜，但又觉得难以置信："那我真的不需要种庄稼吗？"老林答："不仅不需要，而且最好不要种！榆树不适合种在庄稼地旁边，因为它容易招惹雀鸟，损害谷物。"

风调笑道："丰登啊，你又不缺衣少食，现在好好做菜就行了。让别人问问吧。"这时，五谷站起来，向老林鞠了一躬，然后说："您好，我是负责修补书籍的，名叫五谷。家里没有多少地，父母年事已高，不知道适合种什么树？"

老林打量了一下这位年轻人，问："小伙子也还没成家吧？"五谷点头，老林笑言："那你就种白杨吧。白杨的木材又硬又直，以后你成家，可以用作房屋材料。而且这树成材快，长到三年就可以砍来作蚕架的椽条；到五年，可以作房屋的椽木；十年，便可以作栋梁。"

五谷问："那我也不用种庄稼吗？"老林答："那当然。树枝砍了之后，又会长出新株，每年轮流着砍卖，一周轮过又重新开始，永远没有穷尽。而且收入也不低的！拿蚕橡作标准计算，一根值五文钱，一亩地一年总共可以收得二万一千六百文钱。此外还有柴、栋梁和橡木的收入……"

这时王二开口了："这几种树确实不错，就是成材还是太慢了，都要等个三年五载的，老林你说说，有啥树能够最快发达？"老林笑眯眯地说："那你就种竹子呗。要做器具时，只要年岁满了一年的竹子，就能砍来用了——你该不会一年也等不了吧？没有经过一年的，竹竿软弱，还没有长成。"

丰登道："种竹子好！这竹子种下去，就不愁没吃的了！二月有淡竹笋吃；四月、五月，有苦竹笋吃；五月刚过，六月便有含箨（duò）竹笋接上了，可以吃到八月末；到九月，就有箭竹笋出来了，箭竹笋可以一直吃到次年四月……所以你们看，一年到头都有笋吃呢！"

这一席话说完，众人肚子都饿了，贾思勰吩咐丰登道："你去厨房给大伙做点吃的吧。咱们也稍稍休息一下。"大家走出书房，在院子里转了转，随后进屋了。

风调道："老林啊，今天你还没有给我们老爷说说，我们家应该种什么树呢？"老林说："刚刚我发现，这里缺一棵树。"众人纷纷猜测起来。贾思勰问："可是梧桐？"老林笑言："您已有此打算？"贾思勰点头，然后望着窗外说："梧桐树华茂高洁，风姿清雅，很适合种在书斋外啊！"

老林笑言："贾老爷所言极是。而且白桐长成之后，可以作乐器。青桐长成之后，每株能落下一石种子，种子生在叶片上，炒熟了吃，味道就像菱角和芡子一样鲜美。"

这时，丰登提着两个食盒进来了。他笑言："今天既然说到竹笋，我就做了笋子，有蒸的、煮的、油焖的、醋调的……随个人的爱好。"众人食指大动，纷纷举箸。王二道："哟，这筷子也是竹子种的，竹子用处很多嘛。我可得好好准备种竹子了！老林，你什么时候教教我？"

老林回答："找一个天气好的日子，我带你们去看看我的苗圃和山林吧！"众人连连称好。

老林住在山上，屋后的小山坡上是一片竹林。王二问："这些竹子好养活吗？"老林道："再没有比它们更好养的了。"老林蹲下来，抓起一把土，告诉大家："这种黄白色松软的土最好了。正月、二月里，掘取向西南方向延伸的竹鞭连同长着的竹竿，去掉叶子，栽在竹园的东北角上……"

五谷问："为什么要栽在东北角上？其他方位不行吗？"老林答："竹子的本性喜爱向西南方向延伸，所以要栽在园子的东北角上。几年之后，自然会长满一园。俗话说'东家种竹，西家整地'，就是这么个理儿。"

继续往前走，他们看到一排一步大小的圆形菜畦，丰登问："您还自己种菜吗？这种菜好像没见过呢……"老林呵呵笑了："你再仔细看看，里面种的是啥？"众人不解。

老林道："这是青桐。我今年冬天专门为它们作了圆形畦。幼苗怕冷，冬天需要用草裹护，所以畦要作得又圆又小。"有人问："这个要怎么种？"老林答："和种葵菜差不多。"

不多久就到中午了，老林带着他们往自己的住处走。快到屋子时，他们发现一排空荡荡的架子。风调道："夏天来的时候，我还看见这里长满了葡萄。葡萄树怎么不在了？"老林笑了笑，指着地上一处微微隆起的地方。众人不解，这是什么？

老林解释："葡萄天性不耐寒，所以每年十月，我就在根附近掘一个坑，把葡萄枝蔓收拢卷起来，全埋在坑里；靠近枝茎的地方，就薄薄地铺些黍秸。这样，它们才能熬过冬天。等到来年二月，我就把它们从土里挖出来，扒拉开了再搭上架去。"

王二道："就为了吃点果子，又得搭架子，又得挖坑，每年都得这样伺候，也忒麻烦了点儿。"老林呵呵一笑："你只看到冬天的麻烦，没看到我夏天的逍遥啊。葡萄枝茎蔓延开来，只要有东西就可以攀援上去，所以我就做了棚架把它们支撑起来。到了夏天，满架的叶子把能遮阴，在葡萄架下面乘凉，简直太舒服了！"

还没进屋，众人就已经闻到一阵异香。老林的妻子为大家做好了午饭，众人迫不及待地坐下来大快朵颐。虽是些寻常饭菜，却又滋味无穷。

丰登细细咂摸，又环顾四周，试图寻找这美味的奥秘。看了一会儿，他把目光落在墙壁上一束已经风干的果子上。他开口道："老林，那挂在墙上的小果，是不是调料？"老林有些得意地说："那是我自己种的茱萸，等到果实裂开便收回来，挂在屋内墙壁上，让它阴干。吃的时候，去掉里面的黑子，拌在肉酱、鱼鲊（zhǎ，用米粉、面粉等加盐和其他作料拌制的切碎的菜）里，味道特别好。"

丰登道："我也用过茱萸，但是买回来的总是很苦，没有这么香……"老林回答："挂在墙上阴干的时候，注意不要被烟熏。"

王二埋头大吃，忽然牙齿咯了硬物，他叫了

一声，"哎哟！老林啊，你们家做菜怎么还放杏子啊？"老林答："哎哟，你可得小心点儿，慢点儿吃。这个不是杏。"贾思勰夹了一颗"杏"，仔细看了看，问老林："这可是白梅？"老林点头："您是怎么看出来的？"

贾思勰笑着说："梅和杏的区别，我可是专门研究过的。梅花开得早，花是白色的，杏花开得晚，花是红色的。还有这核——"他指了指手中的果核道，"梅的果实小，味道酸，核上有细纹；杏的果实大，味道甜，核上没有花纹。"

丰登问："白梅是怎么加工成调料的？"老林道："酸梅子在核刚长成的时候就摘下来，夜里用盐汁浸泡着，白天在太阳底下晒，一共浸上十夜，再晒上十天，便做成了。用来调和鱼肉厚味，或者加入齑（jī，切碎的葱、姜、蒜等）菜中，样样都用得上。"

食毕，丰登想买些茱萸和白梅，风调想买些小苗木，五谷还想再问问白杨的种法，王二觉得种棵葡萄树也不错，就是不知道怎么储存鲜果……众人热热闹闹地围绕老林又问了一下午，直到太阳落山，方才回家。

晚上，贾思勰把众人与老林的问答，都记录下来。

晚上，贾思勰把众人与老林的问答，都记录下来。

胭脂香粉

一辆略显破旧的马车驶出洛阳城门，里面坐着一位老者和一名年轻女孩儿。

"爹，益都远吗？"

"不远，只是这匹马太老了，估计要走些日子。"

"这么多年了，您说的那个人，还能记得我们吗？"

"别担心，我们已经通过信。你饿不饿？前面如果有人家，我们就停下来买点炊饭，车上的干粮尽量省着点。"

女孩点头，她朝着车窗外望去，初秋的阳光已经不那么灼人了，空气中也微微渗出凉意。"棠梨叶落胭脂色，荞麦花开白雪香"，眼前的景致极佳，然而她心里却隐隐有些忐忑。

经过几日的奔波，他们来到了益都，找到了贾思勰的府上。虽然之前通过信，然而当老者与贾思勰亲眼见面时，双方都不免感叹岁月流逝，物是人非。

"白管家，别来无恙啊！"

"贾老爷，一晃我们都有好些年没见了！哎，现在我已经不是管家了，就叫我老白吧。这是我闺女，白棠。"

老者向贾思勰介绍了自己的女儿，她随即行礼。"孩子都这么大了！你们一路颠簸，先进屋安歇吧！"贾思勰让管家先安排他们住下，随后再到大厅来。

一个时辰后，众人再次来到大厅时，浓浓的香味扑面而来。桌上摆了竹菜菹、乌梅腌瓜、杏酪粥、酸菜鹅鸭羹、白面饼、猪肉鲊……又见厨师丰登端出各色调料：蒜、齑、生姜和醋。贾思勰拿出一壶酒，倒了一杯递给老白："这是九月初新酿的颐酒，尝尝味道如何。"

几杯酒下肚，两人都回想起了若干年前在京城洛阳的日子。那时候，贾思勰还是一名年轻的官员，族兄贾思同经常带上他去拜访吏部官员元仆射。

仆射家中陈设考究，可谓钟鸣鼎食、珠围翠绕。尤其是酿酒的过程，给年轻的贾思勰留下了深刻的印象。他道："我记得元仆射家特制的酒曲是三斛麦曲，和曲的过程特别严格，外人都不许进去的。"

老白答："制曲间最怕污染，污染就做不成了，所以才不让外人进。屋子里四周留四条巷道，每条道中各放一个'曲人'，这是假设作为'曲王'的……排列好后，还要向曲王供上祭品，仆射大声读祷祝文三遍，每遍都拜两拜。"说到兴头上，老白又借着酒劲，把祷祝曲神的文给唱了出来……

贾思勰接着说道："之后酿酒的过程，我就亲自参与了。秫米酒、黍米酒、糯米酒，还都喝过呢！"又喝了两杯，老白忽然长叹一声，道："后来，政局越来越乱，再加上天灾频发，百姓怨声载道。朝廷为了节省粮食，就减少了酒的供应。几年前，孝明帝推出了禁酒令，我们就再也不敢像原来那样酿酒了。"

贾思勰拍了拍他的肩。老白接着说："杜葛之乱后，紧接着又是河阴之变（指北魏末年尔朱荣诛杀皇族的事件），以前大户人家的仆人们，好多都被遣散了，有些还在混乱之中丧命……我和女儿幸好逃脱劫难，如今能投奔到你这里，也是老天保佑啊！"贾思勰不知如何安慰，只道："以后肯定会好起来的。"

老白与白棠在路途中，为了防止贼人流寇的抢劫，就故意装扮得落魄而寒酸，再加上奔波多日，蓬头垢面，衣衫褴褛。他们在贾府住了几日后，渐渐恢复了平日的装扮与容貌。虽然他们是以雇工的身份住在这里，然而贾府里的女眷们注意到白棠的衣饰脂粉、容颜举止，都不似普通佣人。

有一天，白棠拿出一个小瓶，从里面倒出一些油在手上，然后抹在头发上，顿时，头发乌黑亮泽，还散发出一缕清幽香甜。小娥看见了，便问：

"白棠姐，这瓶子里装的是什么？"

白棠答："这是我自己做的润发油，你要不要试一试？这一瓶是去年做的，已经不新鲜了，味道不像刚开始时那么好。"小娥问："自己做的？你能教教我吗？需要哪些原料呢？"白棠说："油和清酒之类，再加上些香料。"小娥笑了："这些倒是不难找。我问问夫人去！"

贾思勰得知女工想跟白棠学做润发油，非常高兴。他也想看看白棠的制作方法。这天，白棠说要在厨房里做，于是贾思勰来到厨房。女工们干完活后，也陆陆续续跑过来看。只见白棠把芝麻油两份、猪脂一份放入小铜锅里，然后拿起一斛酒，酒里浸泡着一个丝绵包。

她把酒倒入小铜锅内，接着便开始用大火煎铜锅里的酒和油，煎沸之后，便改用文火缓缓地煎，然后加入之前浸过酒的丝绵包，再煎。贾思勰好奇地问："这包里是什么？"白棠道："里面有鸡舌香、藿香、苜蓿、泽兰香，共四种，用新丝绵包着，浸在酒里。"

贾思勰又问："你用的是什么酒呢？"白棠回

答："只要是清酒就行，关键是看温度。夏天用冷酒，香草只需浸一夜；春天秋天用温酒，要浸两夜……"白棠忽然想起来还少一样东西，她对小娥说："你可以帮我找点青蒿来吗？"小娥点头，立刻出门了。

锅里的水慢慢煎干，不再沸了。白棠拿个火头淬到铜锅里，香油发出响声，她道："现在还有点水分，还要再煎一会儿。"这时，小娥提着一篮子青蒿回来，白棠抓了一小撮放入香油中，告诉众人："这样可以增添色泽。"

过了一会儿，白棠把火灭掉，拿出一个干净的白瓷瓶。她用丝绵蒙住小铜锅的嘴，又让小娥用丝绵蒙住瓶口，然后把铜锅里的香油倒入瓶中。倒完后，白棠用塞子塞住瓶口，对众人说："润发油制好了。"

说着，她又拿出一个小瓶，将白瓷瓶里的润发油倒入一半进去，递给贾老爷，笑道："您和夫人可否试试这一瓶？若有什么不足，请告诉我。我好久没做了，手艺生疏，亦不熟悉此地风物。下次待我熟悉了，再改良一下配方。"

贾思勰接过，向她道谢，并且说："以后你还想做什么，只管到厨房来，找丰登要原料去！"又对其他人说："白棠姑娘见多识广，你们要多向她学习。"白棠笑言："不过是些雕虫小技而已。这一瓶，大家洗完头发之后也都可以试试。"众人好奇地传看着瓷瓶里的润发油，屋里弥漫着浓郁的香味。

天气越来越冷了。有一天，丰登找白棠要了一些润发油，然后抹在脸上，白棠很吃惊："你为什么用它来抹脸？"丰登道："冬天在屋子外面待久了，脸就容易皲裂。上次见到别人往头发上抹这种香油时，我也顺便往脸上抹了一点，结果在外忙了大半天，脸都不痛。"

白棠拿出另一只小瓶道："你试试这个润面香脂吧。"丰登倒了一点在手上，然后抹在脸上，道："挺好用。你也教我们做点这个吧！"白棠笑道："好啊。我以为你们有，所以就没有拿出来。"

丰登道："有是有，只是没有你们那么讲究。小孩儿脸嫩，给他们用米糠烧的热水洗过脸，然后再把煮熟的暖梨汁涂在脸上。大人嘛，就用赤蓬染的布，嚼出汁来，涂在脸上。"

几天后，白棠开始做润面香脂了。小娥自告奋勇地要当她的助手。白棠把丁香和藿香装进丝绵包，然后浸入温酒里泡着。几天后，她取了一些牛骨髓，又取了一点牛脂，把它们放入铜锅内，再把温酒倒进去。

之后就像煎润发油一样，慢慢煎干铜锅中的水分。煎的过程中，白棠忽然想起来还需要点朱砂，于是让小娥去找。小娥从药铺买来一些，按照白棠的要求，把它们捣碎、炒熟了。

润面香脂做好后，锅里还剩一些香油。白棠把熟朱砂倒进去搅拌，那一小团油脂顿时红艳香浓。白棠拿出一个小瓷瓶递给小娥，然后她拿着丝绵蒙住小铜锅的嘴，小娥蒙住瓶口，红色的油脂缓缓地流入瓶中。

白棠告诉小娥："这是涂嘴唇的唇脂。前几天我看见你嘴唇都干裂了，就想着要做点唇脂。"说着，她又加了一点青油，涂裹在唇脂上。小娥道："白姐姐手真巧。我们这儿，只有冬天要远行的人，才会想着保护嘴巴。不过我们的方法很简单，只是把大蒜咬破，揩在嘴唇上。据说这样可以防止嘴唇裂开，又可以辟邪。"

说着，小娥用手指蘸了一点唇脂尝了尝，说："还是这个味道好，我可不喜欢大蒜的味儿。"两人都抹上了唇脂，对着镜子笑盈盈地照了好一会儿，小娥道："这样一抹，气色好多了呢。"白棠道："是啊，只是有点不好意思出门。"她们担心太惹眼，所以出门前又擦掉了。

白棠来到益都后，基本上没有出过贾府。不过，她制作的润面油、润面香脂以及唇脂，使得她在当地小有名气。有些大户人家的女眷们也来打听，想买一点。后来，市面上出现了一些仿制品，然而工序和选料没有白棠这么细腻。

有人劝白棠自己开一家店。她与父亲商量过此事，父亲考虑到两人刚来此地，人生地不熟，而且积蓄也没多少，因此想再等等。

到了腊月，贾府开始杀猪了。厨师丰登把猪的内脏挑出来，厨房里只留下猪肉。有些内脏被药铺的人收走了，有些内脏低价卖给了贫困户。白棠原本想来厨房再做一点润面油，但是看到了一坨猪胰（yí，胰位于两肾之间，呈椭圆状，多润滑液汁），她忽然想到这是个好材料，比牛骨髓和牛脂便宜，于是找丰登拿了几坨。然后她就去浣衣房里配制手药。

小娥问："白姐姐，今天怎么不去厨房了？"白棠道："因为今天不需要用火煎。不过手会很脏，所以就到这里来。"只见白棠拿出一坨猪胰，摘去附着的肥肉之后，放入一壶酒里，又加了些青蒿叶，反复地揉搓。"小娥，你像我这样反复揉，把胰汁揉得越滑腻越好。"白棠这样交待了一下，便去厨房了。

白棠拿了十四颗白桃仁，剥去黄色的种皮，研碎，用酒浸泡；接着又从储存香料的罐子里拿出丁香、藿香、甘松香和十颗橘核，打碎后用丝绵包裹起来。最后，白棠拿出一个瓷瓶，让小娥把揉好了的胰汁倒进去，再把浸过白桃仁的酒倒进去，还要装进包裹了香料的丝绵。最后用塞子把瓷瓶塞住。

小娥问："这样就行了吗？"白棠点点头，道："你晚上把脸洗净揩干后，用这胰药涂在脸上、手上，你的皮肤就会柔软滑润，冬天不会皲裂。"小娥赶紧把手洗干净，轻轻地抹了一点在手背上，闻了又闻。

几天后，贾思勰对风调说："最近来齐民书屋的人不少啊！"风调笑言："这恐怕是白棠的功劳！"贾思勰不解，风调解释道："白棠前几天以猪胰为原料，做了一瓶润面油。现在临近年末，家家户户都杀猪，谁家里没有猪胰呢？大家都希望能把这个东西变成润肤油呢。他们来齐民书屋坐一会儿后，就去找白棠了。"贾思勰哈哈大笑。

"贾老爷，什么事儿这么高兴啊？"他们闻声望去，原来是老白和白棠来了。贾思勰道："你们来得正好，我正想要去道谢呢！你们把都城洛阳的技术都带来了，造福了此地百姓啊！"

白棠有些不好意思，说道："这几日因为我的缘故，府上来了不少陌生人，请老爷多多包涵。"贾思勰道："这有何妨，我还要感谢你呢。齐民书屋本来就是一个开放的场所，我希望来的人越多

原来是老白和白棠来了。贾思勰道:"你们把都城洛阳的技术都带来了,造福了此地百姓啊!"

越好。"

白棠道:"这些日子,多谢老爷的收容和帮助。我与家父商量过了,现在很多人来预订润发油、润面香脂以及手药。如果我们久居贵府,恐怕多有不便。一则,我占据了厨房,对各位的日常饮食肯定有所妨碍;二则,我每天制香,多少也会影响其他女工的工作。所以我与家父想搬出去,专门做胭脂香粉。"

贾思勰一时有些惊讶。他沉默了一会儿说:"实在舍不得你们走,不过,如果你们觉得自立门户更合适,我也不好阻拦。在外面如果有什么需要帮助的,尽管告诉我。"白棠道:"确实有一件事需要老爷的帮助。我们要大量制香,就需一个帮手。小娥这孩子不错,不知道老爷同不同意……"

贾思勰道:"小娥是个苦命孩子,来到贾府后,夫人教了她一些手艺,希望她能够养活自己。如果跟你们去,能够多学些东西,那必是极好的。只是,我也有一个请求,以后贾府如果需要老师来培训新女工,也请你们不吝赐教啊。"白棠笑了:"老爷有命,岂敢不从?"

新铺开张，事务繁多。忙了一个冬天，到了次年二月，白棠终于能歇口气。这天，天气虽然还有些微寒，但是晴空朗朗，她与小娥在村庄里散步。河水已经开始缓缓流淌，有些野花开始露头。

走着走着，小娥问："白姐姐，天气暖和了，大家的手和脸都不皲裂了，咱们接下来要做什么呢？"白棠道："我也在想这个问题呢。在洛阳的时候，每当春天来临，很多女子都会打扮一番，出外踏青。不知你们有没有这样的风俗？"

小娥笑言："我们穷人家的孩子总是有很多活儿要干，哪有空出来玩？家境好些的女孩子，会出来踏青的。"白棠问："她们会涂胭脂吗？"小娥摇头："我没怎么见过。"白棠道："我做一点试试吧。"她在心里回忆着原料和步骤，当晚就开始准备了。

第二天一大早，白棠就让小娥找些落葵、藜藿（diào）和蒿草，把它们烧成灰，她自己则去了附近的集市上。临到中午时，白棠才回来，她说："我想买点做胭脂的红花，问了好多家都没有。后来只在一家小店铺里买了这么点儿。"小娥拿来看了看："这颜色也不怎么红啊。"

白棠道："新鲜的花到夏季才能收到，现在只有去年产的晒干的红花。"小娥点头，然后把烧好的草灰端过来。白棠让小娥拿热水冲淋盆中的草灰。淋第一道、第二道时，白棠都是将灰汁倒进一个盆里；淋第三道时，她才对小娥说："这头两道淋过草灰的汁太纯，碱性太重，只能用来洗衣服。只有第三道才能用来揉花。"

说着，白棠拿出一个装了红花的布袋，把第三道灰汁倒进去，揉搓里面的红花，直到红色完全褪出才停手。接着，她拿来一个瓷碗，绞取布袋中已经被揉搓了十来遍的红花，一边将纯红的汁液滴入瓷碗中，一边吩咐小娥："你去拿点好醋，和进酸饭浆里。"

白棠将酸饭浆用布包裹着绞出酸汁，和到装有红花汁的瓷碗里。接着，她又拿酸枣大的一颗白米粉，也放入瓷碗中；然后用一根干净的竹筷子用力搅，把所有混合物拌在一起。

两人轮流搅拌，直到碗内的米粉、红花汁完全融为一体，细腻均匀，方才停下。白棠用一个盖子把瓷碗盖住。小娥问："这样就好了吗？"白棠道："还没有呢。到今天夜晚，你看看瓷碗里会怎样。"忙了一下午，两人都累了，于是决定吃点东西。她们一边吃着杏酪粥，一边闲聊。小娥问："白姐姐怎么会做这么复杂的东西？"

白棠笑道："以前在元府中，人员众多，家仆的分工很细，我是专门做胭脂香粉的。常有外面的师傅来教我们，而且我也有很多时间、很多材料来研究怎么做得更好。就说这醋吧，其实是退而求其次的选择。更好的材料是酸石榴，如果把它们加入红花汁，那么做出的胭脂还有些石榴香呢……"

到了晚上，瓷碗里的水和粉已经分层了。白棠倒掉上层的清汁，然后把下层醇厚的膏状物倒进一个用熟绢缝制的尖角形的袋子里，离空挂着。

第二天，两人早早来看袋子里的胭脂。白棠用手摸了摸，已经半干半湿了，于是她把里面的东西取出来，捻成小瓣儿，像半颗大麻子一般大。她告诉小娥："等它阴干，胭脂就做好了。"小娥拿着一小粒，略微吃惊地说："那么多红花，才得了这么一小点。"

共度荒年

　　清早，白棠带了一小盒胭脂到齐民书屋里。见到贾老爷后，她说："这是我新做的胭脂，特意送来让您和夫人试试，看看好不好用？"贾老爷打开盒子，拿了一小粒放在手里，但见色泽明艳均匀，清香袅袅。他道谢后，好奇地问："这胭脂成本很高吧？"

　　白棠笑道："做胭脂，最重要的原料是红花，然而此地红花甚少。我去集市上找了很多家才买到一点，所以这批胭脂的成本很高。如果您能够在本地种上一些，以后做胭脂的成本就很低了。"听完这番话，贾老爷沉默了一阵，说："容我考虑考虑。"

白棠走后，贾思勰对管家说："风调，你觉得我们应该种红花吗？"风调看出他的犹疑，便问："老爷，您顾虑什么呢？"贾思勰道："这几年战乱不断，水旱频发，所以我一心只想种植粮食和瓜果蔬菜，对于花花草草很是反感。花草之流，可以悦目，徒有春花，而无秋实。我实在不想种植这些浮华之物啊！"

　　风调笑道："在近城郊的好地上种上一顷红花，一年的获利相当于三百匹绢；同时还能收获二百斛种子。种子既可以榨油，用来润滑车毂，也可以作烛，所以很值钱，可以抵得上二百石米呢！这就相当于一顷谷田的收入了！另外还有那三百匹绢的收益。"

　　贾思勰说："一顷地的花，每天要百把个人采摘，还要打下种子，劳动量很大啊。"风调笑言："有事情做，难道不好吗？您去问问小娥，她现在是愿意帮白棠做胭脂，还是回去喂猪、种田？"贾思勰点头道："制胭脂的过程，又可以让更多的穷苦女人和孩子有活干。"

　　但他转念一想，又说："可我还是觉得，拿这么好的土地种红花，只是为了制作抹在脸上的胭脂，会不会太浪费？敦煌有个风俗，妇女做裙子，要打很多褶叠，像羊肠般绉缩着，一条裙子要用去成匹的布。皇甫隆任太守时下令禁止，并加以改正，节省了很多布匹。"

"你觉得做胭脂浪费，那么酿酒算不算浪费呢？"他们这才发现，夫人进来了。她接着说，"如果我们把全年酿酒的粮食都省下来，这些粮食可以养活多少人？"贾夫人已经用上了白棠送来的胭脂，气色看起来很好。她道："白棠自立门户之后，有邻村人来打听那些润肤香油了。要是再做胭脂，想必也大受欢迎。"贾思勰无话可说了。

几天后，贾思勰再次把老白、白棠请来，一起商量种植红花的事情。风调道："每年种植红花有两季。第一季是二月末三月初，现在恐怕来不及了，我们只能等五月种晚红花，到七月就可以摘这批花了。"老白点点头，道："虽然晚些，但是五月种的红花颜色更鲜明耐久，比春天种的还好。"

贾思勰走到窗前，抬头望着远方："今年入春以来，一直没有多少雨水。只怕又是旱灾年。"风调道："是不是干旱还不好说，不过我们可以多种些防灾的作物，提前预备着。"贾思勰道："那就先种一顷红花试试吧。"

到了五月，天气渐渐炎热起来，众人期盼的雨水却依然没有到来。贾思勰这几日在家看书时，觉得有些疲惫，吃饭也没什么胃口。这天，他看到《食经》上关于醋的酿造方法，忽然来了兴致，想亲自动手试一试。于是他选了一个"速成酿造法"。

按照书上的方法，他把黍米煮成粥，再用糯米做了饼曲，在火上烧到发黄后捶破，放在瓮底，然后把将粥倒在曲上，用熟泥密封瓮口。两天后打开封口，尝了尝，味道怪怪的。他猜测，可能是密封的时间不够长？或者是因为黍米放得太少，所以味道不好？

他又尝试了不同的酿造方法，最后终于试验出了最完美的方案——以《食经》记载的那个方子为基础，再多加一斗粟米饭投下去，密封瓮口。十四天之后，当他打开封口，醇正的醋味扑面而来，瓮中醋液清澈，尝了一口，味道极是酽美。他于是记录下了自己的新方子。

这天早上，贾思勰吩咐管家风调再去找点陶瓮，再弄一些粟米、小麦、大麦……风调见他前几天一直在试验做醋，于是问他："您是要尝试做各种醋吗？"贾思勰道："正是。最近发现《食经》上有一个方子不对，如果不修改，任其流传下去，必会误导更多人，所以我想把书里说的方子都亲自试验一遍。"

风调沉默了一会儿说："家主宅心仁厚，我十分敬佩。只是今年很可能会有旱灾，我们收获的粮食可能比不上往年。所以，您看酿醋的事儿，能不能过一段时间再说？"窗外骄阳似火，土地干硬，贾思勰已经忘了上次下雨是什么时候。

"你倒是提醒了我。有几个方子，不用粮食也可以做醋！"风调疑惑地问："那是什么方法？"贾思勰问："去年我们酿酒，有一些酒因为放久了而变质。今年天气这么热，想必也有变质的吧？"风调道："是啊。今年酿造的春酒，就有一些变酸了。"贾思勰道："好，你找一些来。如果别家有的话，也可以低价购来。"

很快，风调便搜集了不少酸酒。贾思勰让五谷把这些变酸了的春酒拿到院子里。贾思勰舀出一斗清酒，盛入瓮里，然后加水勾兑。五谷问道："上面不用遮盖吗？"贾思勰回答："平时就让它晒太阳，如果下雨就拿一个盆子盖住瓮口。"五谷点头。

七天之后的一个早晨，五谷起床看那一瓮液体，感觉奇臭无比，表面上还生成了一层皮。他赶紧去问老爷："我每天都好好看着，怎么会如此？"老爷过去看了看，答："这是正常的，就在原地放着，别去搅动。"几十天之后，当他们再次看这瓮中的液体，已经酸香袭人，用勺子舀了一口尝，味道亦让人沉醉。

贾府用变酸了的酒酿成醋的消息不胫而走，大家纷纷前来请教。五谷给他们详细讲解制作方法。

王二道："我家没有酒，也没有余粮酿醋，那可怎么办？"贾思勰笑笑说："你去找些熟透了、落在地上的桃子，放进瓮里，用盖子盖上。七日之后，桃子烂了，你就滤去皮核，剩下的桃肉仍然放在瓮里密封好。等到二十一天，醋就成了。"

贾府用变酸了的酒酿成醋的消息不胫而走，大家纷纷前来请教。

王二问："您做过吗？"贾思勰道："我没试过。你找到桃子来就赶紧做一瓮，让我们尝尝桃子香味的醋是什么滋味。"王二迫不及待地出门了。

天气越来越热了，连着数月，只下了一两次雨，管家有点慌了。这一天，他来到书房，对老爷说："照这样的天气，今年恐怕又有很多饥民！我们家今年的收成肯定也比不上往年。您看这怎么办？"

贾思勰沉默了一会儿说："主要还是看人。如果人勤快，荒年也可以有不错的收成；如果人懒，哪怕天时地利都占尽了，还是颗粒无收。明天，大家聚在一起，商量商量对策吧。"

第二天，五谷、老白、王二都来了，还有几位村民。贾思勰对大家说："今年旱情严重，如果再不下雨，到年底恐怕难免饥寒交迫。但我希望大家不要害怕。天灾固然可怕，但更可怕的是'懒'。只是大家要努力去做，肯定能有活路。今天把各位聚在一起，就是希望能集思广益，看看大家有没有什么办法，能够应对旱灾？"

见没有人开口，贾思勰继续说："汉桓帝曾经下诏说：蝗灾、水灾为害，五谷没有收成，命令受灾害的郡国，都种上芜菁，以接济粮食。这是不是说明芜菁可以度过凶年，解救饥荒呢？"老白道："芜菁根晒干后蒸熟吃，又甜又美，确实可以当粮食充饥，不过一顷地的芜菁只能救活一百人罢了，并不能抵御荒年啊。"

厨师丰登说："其实芜菁也不是不可以救灾，好好加工一下还很值钱呢。我知道芜菁根的一种做法，蒸熟后口感细致紧密有嚼劲，简直像鹿尾一样。拿到市场上卖掉，这一瓮可以收得十石米呢！"众人纷纷问他具体怎么做。

管家笑道："好了好了别跑题了，一瓮芜菁根换十石米，这是丰年的行情吧。要是荒年，大家都去种芜菁了，谁家还有米呢？"贾思勰道："说的也是。而且种芜菁也很需要水的，所以汉桓帝说的是洪灾之年种芜菁。我们还是再想想别的办法吧。"

这时，王二忽然说："村里偏僻的地方，有几个池塘闲着。以前我经常去玩水，那里面能不能种点藕啊？我只在去年赶集时吃过藕粉，那玩意儿还挺饱肚子的。"贾思勰道："这倒是个好主意，水里面能种的东西多了。只是不知道塘里还有没有水。"

王二道："从别处引水过去，或者从河里运一些水过去，我都愿意的。因为种这些水里的东西省事儿，只要扔下去，就等着收获了。是吧贾老爷？"贾思勰笑着点头。由于一时想不出别的办法，众人就来到池塘边，塘里的水已经很浅了。

他们在附近寻找水源，在不远处发现了一条河。风调说："我们可以砍一些竹竿来，一根接一根地连起来，然后把中间的竹节挖空，这样河水就能流入池塘中了。"老白想起来了，以前在洛阳，也有人像这样引河水来种菜。

第二天，风调带着几名工人在附近砍了些竹子，竖着劈成两半，然后把中间的竹节挖掉，再一根连一根地首尾相接，一直连到河岸边，只一上午的时间，河水便流入了池塘。王二对贾思勰说："您可以教我种藕吗？"贾思勰道："现在已经过了季节。等明年初春时，掘取藕根节头，埋植在池塘的泥土底下，当年就会有莲花。"

想想还要等半年多，王二有点泄气。贾思勰安慰道："这几个月，你也有很多事情可做。到八月，芡实就成熟了，你把它们磨破，把种子取出来投入池塘里，自然就会发芽。菱角也一样，只要把种子撒进池塘里，你就可以坐享其成了。"

王二说："菱角、芡实，确实挺饱肚子，可是不怎么好吃啊。"贾思勰微微一笑："莲子、菱角和芡实中的肉，都是上品的药。吃了它们可以安中补五脏，滋养精神，补益精气，使人轻身耐老……"王二打断说："我还小呢。"

贾思勰笑道："你可以把它们蒸熟、晒干，然后到集市上去卖，旁边摆点蜂蜜，教别人蘸着蜜吃。来买的人肯定不少。"王二哈哈大笑："到时候我给您送一坛子。不过，请您先给我些种子。"

贾思勰看到河里的水流到塘里，忽然想到一个法子。"我们可以作畦来种菜啊！萝卜、芜菁、茄子、葵菜，都能种。"他说，"菜畦占地少，一小块地方就能养活一口人了。"

众人觉得这法子靠谱，于是纷纷问他到底要怎么种。贾思勰用脚在地上比划起来。

养羊的教训

贾思勰站在窗前，一手拿书，一手扶窗，眉头紧锁。雨顺见状，端了一碗茶走过来说："老爷，您已经好久没歇息了，坐下喝碗茶吧。"他摆摆手，指着窗外羊圈里一只瘦弱的羊说："这只，恐怕又活不过今天了。"

去年刚开春时，贾思勰想养一些羊，他打算让王二来放羊，但是王二忙着种竹子，因此没有应承。回到家后，王二想，何不让雨顺试试？平时雨顺在家里跟着当木工的继父打杂，偶尔小娥这边缺人手时，也会让他来帮忙。

雨顺渐渐长大了，继父脾气暴躁，与他生活在一起绝非长久之计，终归是要独立出来才好。王二与小娥商量，两人一拍即合。第二天，他们一起去找贾思勰。这样，雨顺就来到了贾府，当上了小羊倌。

一开始，贾思勰吩咐雨顺搭建羊圈："就盖在屋子附近，而且要让羊圈对着窗。"雨顺不解地问："老爷，羊圈的腥臊味儿那么重，每天闻着不难受吗？"贾思勰笑道："务农之人，哪里能讲究这些？羊的天性懦弱，不敢抵御暴力。万一羊圈里进了狼，那就有可能全群覆灭的！所以我们得经常盯着。"

风调在一旁补充："确实要盯着。不过羊圈对着老爷窗户，还是不妥。这样吧，雨顺，我教你一个方法。你把羊圈里面的地面填高些，开通出水口，不要让地面有积水，至少两天扫除一次，这样粪秽就不会堆积了。"

雨顺连连点头，贾思勰又道："就算不是为了除臭，也应该把羊圈里打扫得干干净净的。因为粪秽会使羊毛受污染，积水会使得羊生病。"

之后，他们在集市上买来两百只羊。雨顺与其他几位仆人盖好了羊圈，每天仔细打扫。可是过了几天，贾思勰还是发现羊身上的毛很脏。原来，羊喜欢揩擦墙土，泥土和汗水里的盐分相粘，导致毛都结成了块。他略加思索，对雨顺说："你不是跟着你继父学了木工吗？做几排木栅栏吧。"

很快，羊圈里靠墙处都竖立了木栅栏。雨顺道："老爷这法子好！羊毛再不会沾上泥了。"贾思勰笑道："不仅不沾泥，而且这栅栏高出了墙头，还可以防着虎狼从上面闯进来呢。"

在牧羊人的选择上，贾思勰也颇费了一番思量。心想雨顺太年轻了，免不了贪玩，没法看得那么紧，万一狼犬咬伤叼走了羊，那损失就大了。还是让五谷去放羊吧！他已经不是毛头小伙子，做事让人放心；同时性情也随和，羊群跟着他不会饿肚子。

转眼已到仲春时节，村庄里草丰水美，羊群日渐茁壮。有天晚上，待五谷放牧归来，贾思勰把家中仆人们召集起来，叮嘱了一番："人的起居要符合季节时令。秋冬应起得晚些，须等到太阳出来；春夏要起得早，鸡叫了就得起身了。人如此，羊也一样。春夏二季，早上可以早些放出；秋冬二季，早上宜晚些放出。"

大家都明白了老爷的意思：此后每天要早起了。有人面露倦容。贾思勰看了看众人的反应，立刻明白了大家的心思，于是大声说："各位莫怕累，这几个月大家辛苦一点，等到明年，我们就可以享受劳动成果了。比如五谷每天早出晚归的，到明年我们就可以用上羊毛毡子、喝羊奶、吃酥酪了！如果现在偷懒，以后怎么能享用到这些呢？"众家仆纷纷点头，各自干活去了，贾思勰也跟着走向羊圈，查看羊群的情况。

春去夏来，草深林茂，成群的牛羊就像肥白的云朵一样散布在草地上。贾思勰叫来雨顺和五谷，叮嘱他们："夏日天气酷热，必须要让羊群在阴凉的地方停留。若是日中不避开炎热，尘土和汗水会浸染羊的身体，到秋冬之时，必定诱发疥癣。"

转眼到了初冬，母羊还挺肥壮，小羊羔也因为有奶吃而精神十足。然而好景不长，到了正月，五谷愁眉苦脸地向贾思勰汇报："老爷，羊群里的母羊大部分都死了！小羊羔断了奶，又不能独自吃水草，所以也死了不少。"

贾思勰赶紧去羊圈查看，大部分奄奄一息，只有少部分还勉强有些生息。五谷道："之前看着还挺肥壮，没想到又过了些时日，就成这幅光景。哎——"

贾思勰观察羊圈，又去翻查各类书籍，想要找出原因。大家原想着，天气转暖后可能情况会好些吧。但是经过一个冬天，羊群死了一大半。眼下还活着的这些，也因为疾病而疲弱不堪，奄奄一息。

贾思勰忧心忡忡，对风调说："你看这些羊毛，短而稀疏，没有一点光泽。是不是咱们家不适合养羊呢？"风调道："老爷，我们家一向是五谷丰登，六畜安宁，怎么可能偏偏养不好羊呢？可能是今年有瘟疫？不知别家的羊是不是也一样？"

这句话提醒了贾思勰，他决定到本地其他养羊的人家里看看。风调出去打听了一番，得知一户李姓人家养了不少羊，而且长势不错。他们带上礼物前去探访。"李叔，您家的羊长得真壮啊！能否给我们介绍些经验？"雨顺说了自家的情况。

李叔听后，略一思索道："我只养了几十只羊，比不上你们大户人家。听您所言，大概是因为羊群患了疥疮？羊患有疥疮的，要隔离开来，要不然互相传染，整圈羊都死掉了！我这里有个药方子……"

李叔介绍了治疗羊疥疮的方法后，随后又介绍了治疗羊鼻子、眼睛出脓以及羊挟蹄（指蹄部炎症引起的蹄壳变形狭窄症）的方法。末了，他又叮嘱了一句："疥癣治好了以后，到夏天长肥的时候就得卖掉，再买健康的回来！不然等明年春天疥癣再发，一定会死的。"

贾思勰回家后把李叔所说的内容记录下来，整理成文。晚上，他躺在床上，心里却还有一个疑惑：难道自家羊群的死伤，仅仅是因为疥疮吗？李叔家的经验固然值得借鉴，但是自家有两百只羊，恐怕不能完全照搬他的经验。然而本地又没有更多的养羊大户，怎么办？翻来覆去，他做了一个决定。

第二天一早，他召集雨顺、五谷等人，让大家做好准备，要出一趟远门了。雨顺很是兴奋，问道："咱们去哪里？"贾思勰道："洛阳。"

北魏开国皇帝拓跋珪是鲜卑族人，最初便是在大草原上建国。都城虽几经迁徙，但是牧羊的传统一直保留下来。如今的都城是洛阳，那里有许多大型牧场，而且气候条件与山东相似。因此，贾思勰想去那里看看他们是怎么养羊的，希望能借鉴经验。

一路上春阳煦暖，草长莺飞，几位家仆得以暂时脱离繁重的劳作，都沉浸在出游的喜悦之中。只有贾思勰心中还怀着一丝忧虑。

北魏前期巨大的军事胜利，使得拓跋族"千里牧场牛羊壮"，很多人以畜牧养殖为生，无论官方还是民间的牧场都很兴旺。然而到了北魏中后期，由于畜牧业占用了大量耕地，农业的发展受到了严重影响，已经远远无法满足社会发展的需求，因此从太武帝开始，便逐渐开弛禁苑，改牧为农。

贾思勰暗自思忖：如果不尽快拜访一些牧场主、记录下他们的经验，恐怕很多民间智慧今后将要失传。此次洛阳之行，能够找到想要的答案吗？

经过几日奔波，他们进入洛阳城内。大街上商贾云集，人流如织。忽然，一阵奶香味袭来。众人连日舟车劳顿，整日吃的也都是干粮，此时不禁被这香味吸引。寻香而去，走到了一家售卖奶制品的店铺——孙伯奶酥店。他们各自都要了一大碗加了奶酪的粥。

店铺里一位老者正在做奶酪。只见他把一桶奶倒进铛（chēng）锅里，用文火慢慢煎，不时用杓子把奶舀动，扬去热气，并把杓子伸到锅底勾动，两名学徒在旁边看着。

贾思勰也看得入神。过了一会儿，他转头问随从们："看那炉子，下面烧的是牛粪。你们可知为何？"雨顺道："这是为了省些柴吧！"贾思勰答道："这是其一，还有其二。如果烧草，会有灰飞起来落在奶汁里；烧柴火力太猛，煎奶时容易焦糊。只有干粪的火力缓和，又不会弄脏奶汁。"

"老人家，您把杓子伸到锅底只横着竖着直直地勾动，而不是绕着圆圈搅动，这是为何？"贾思勰走过去与老者攀谈起来。老者笑笑，答道："若绕圆圈，那奶是不会凝结的。"接着，老者把杓子交给旁边的学徒，与贾思勰聊起来。

这位老者姓孙，原本经营了一大片私营牧场，然而自六镇起义爆发后，北方政局混乱，官、私牧场受到威胁，牲畜多被贼寇盗掠，北方畜牧业渐衰。他的牧场也无法持续往年的光景，现在只养了不到一百只羊，主要靠做奶酪为生。

贾思勰也道出自己家中的情况，并且说起心中的疑惑：自己养羊时非常仔细，为什么还是死了那么多？孙伯详细问了几个问题：何时购买的羊只？共有多少？羊圈如何？饲草几何？……听完贾思勰的回答，孙伯笑言："没什么大问题，你们家的羊主要是饿死的。"

众人不解，贾思勰说："我记得刚入冬时，羊还很肥壮啊。"孙伯继续说："初冬时，母羊还保留着秋膘余势，看上去好像还膘肥，但是羊羔全靠母乳喂养，到了正月，奶水都给吸干了。如果干草储备不足，母羊很快就会瘦死的！而羔子却还小，尚不能独自觅食，所以也活不了。这样子养羊，哪有不绝群断种的！"

贾思勰问："那您是用什么办法的呢？"孙伯去

学徒那边看看奶酪搅得怎么样了，然后又缓缓走过来，道出一番经验：

"冬日里天寒地冻，风霜逼人；而初春时节，青草还没出头，这些时候都别把羊放出来，需在家里备足饲草。我以前养着千把头羊，每年都在三四月里种上一顷大豆，和谷子一起播撒进地里，出苗后连同杂草一起留着。到八九月里，就把它们都收割下来作青茭。"

贾思勰问："这样未免也太费田地了。"孙伯答："如果想省事，也可以不种大豆和谷子，只在杂草开始结实时，把它们收割下来，薄薄地摊开、晒干就行了。"贾思勰想起，崔寔在《四民月令》里也说过，七月八月间，要收割杂草作饲料，可惜自己以前未加留意。

五谷道："您所言极是。只是每年八月份时，大家忙着秋收，哪有空闲工夫准备草料呢？"孙伯答："如果人手不够，就卖去一些羊，也可以雇人来割草，这样虽然要花费些银钱，但是总比羊群全部饿死要划算得多。"

不知不觉，他们聊了好几个时辰，这时孙伯走到煮酪的学徒边，让他们停下来，然后把锅中热奶倒在盆子里，等到稍微冷却之后，便揭起浮面的奶皮，把它放在另外的容器里，准备做酥。此时天色已晚，贾思勰他们买了一些奶制品，便起身告辞了。

次日，他们前去拜访一个官方牧场。这里与他们日常所见的景致大不一样。天地之间除了大片的草原、云朵与牛羊，再无其余。正如当时流行的民歌《敕勒歌》所唱：敕勒川，阴山下，天似穹庐，笼盖四野。天苍苍，野茫茫，风吹草低见牛羊。

这位牧场主对于羊群管理方面颇有心得，他给众人讲了一个故事："西汉的卜式跟弟弟分家时，把田宅财物统统留给弟弟，自己只要了一百只羊，独自进山放牧。不出十年，他的羊群已超过千只。汉武帝听说了，委派卜式到上林苑给皇家放羊。

"一年以后，武帝见到羊儿个个膘肥体壮，于是龙颜大悦。卜式汇报牧羊心得时说，碰上'恶者'要及时剔除，别让它影响其他羊，这样羊群自然安稳。养羊如此，管理百姓也应如此。武帝听了很吃惊，于是拜他为缑（gōu）氏令，不久还封他为关内侯。"

　　贾思勰又向他请教了一些羊群管理方面的问题。看到羊圈里有几只娇弱的小羊，贾思勰道："母羊生小羊后，就舍不得离窝了，这样就会耽误母羊外出吃草。这个问题您是怎么解决的？"牧场主问："您想问的是黑羊还是白羊呢？""难道不同种的羊还有区别吗？"贾思勰觉得很新鲜。

　　牧场主道："这区别可大着呢！若是白羊，就需要把母羊留下两三天之后，再放它和小羔一道出去。因为白羊很恋子，不能把小羔单独留下。把白母羊多留几天，可以让它们多喂奶，这样小白羔很快就能长壮，可以由母亲带着一起外出觅食了。

　　"若是黑羊，只要把母羊留下一天就可以放出去，等傍晚母羊回来，就把小黑羔放出来跟着母羊。十五天之后，小黑羔开始吃草，就可以和母羊一起放出去了。"

　　雨顺道："还是黑羊好养活。"牧场主赶紧说："那也不一定。黑羔怕受风寒之苦，所以冬天出生的黑羔还得放在土坑里。坑里暖和，这样它们才能安心睡着。"

接下来几日，他们又拜访了几位养羊多年的老者，学到了许多关于养羊的经验。这些牧羊人各有所长，有的擅做毡、有的对公羊很有研究、有的长于铰羊毛……

每天晚上，贾思勰回到旅店后，不管多么疲惫，都会把当天的内容记下来，然后念给随从们听，若有遗漏处，则加以补充。连日的学习与参访结束后，他们带着厚厚的笔记以及各类奶制品、羊毡子回程了。

到了七八月间，贾思勰按照孙伯所说的法子，预备了很多草料与谷子。入冬后，家里已经储存好了大量饲料，只要天气稍寒凉，他就叮嘱五谷不要放羊外出了。可是观察了几天，他发现羊群在家吃得并不多，因为羊群在草上面挤来挤去的，累了半天都没有吃上一根草，草倒被践踏糟蹋了不少。这可怎么办呢？

很快，贾思勰想到一个法子。他选了一处高地，让雨顺把桑木和酸枣木竖插在地上，围成两个圆形的栅栏，周围各有五六步左右的长度；再把干草高高地堆积在栅栏里面，然后就让羊在栅栏外面绕圈。

栅栏建好后，羊群果然从早到晚不停地绕着圈儿抽草吃。不过贾思勰仍旧不敢掉以轻心，日日观察羊群的生病情况与体重变化……又一年冬去春来，这次没有重演去年的悲剧，无论母羊还是小羊都肥满健壮，他们终于松了一口气。

在一个春光明媚的日子，贾思勰坐在窗前奋笔疾书，记录了自己养羊的经验教训以及他人的经验，并摘录了古书中关于牧羊的内容。傍晚，雨顺端着一碗奶酪粥进来，说："老爷已经好久没歇息了，来吃块奶酪吧。"

贾思勰停下笔，看着窗外，道："三月快结束了，四月可是酿制豆豉的最好时令啊……咱们从明天开始准备吧。"

雨顺端着一碗奶酪粥进来，说："老爷已经好久没歇息了，来吃块奶酪吧"
贾思勰停下笔，看着窗外……

丰盛的"素食宴"

 这天一大早，管家风调步履沉重地来到齐民书屋。贾思勰见他眉头紧锁，便问："怎么了？"风调道："今年天旱，还好家主英明，从年中开始就做足了准备，所以我们没有饥寒之虞。不过，黍米、麦子、秫米这些作物的收成还是受了旱灾的影响，所以酿酒的原料、猪鸡牛羊的饲料，都不够啊。今年过年，若想维持往年的排场，有点难啊……"

 贾思勰问："你可想到什么法子？"风调拿出一张明细表。原来，他把往年年末所消耗的各类粮食名称以及具体数量都列了出来，然后又列出了今年各类粮食的产量。"劳你费心了！"贾思勰很是佩服风调的细心。

就在这时，雨顺忽然跑了进来，气喘吁吁地说："老爷，不好了！前几天，猪圈里的大白生下了一窝小猪仔，结果今天早上我去看，已经死了一大半了！剩下的也病恹恹的。"他们赶紧赶到猪圈。

天气很冷，有几头小猪的尸体已经发紫，剩下的两三只小猪紧紧依偎着母猪，全身瑟瑟发抖。贾思勰说："甑（zèng，蒸饭用的炊具）上烧些水，再找一个索编的笼子。"雨顺问："是要把它们烤熟吗？"

贾思勰摇摇头："死了的就拖出去埋了。现在赶紧把那几头活仔猪蒸一下，只蒸出汗就行了。如果不蒸就不抗冻，出生不超过十天就会死的！"风调看了看猪圈顶上和四周，道："顶棚也要补一补，免得它们受不了风雪之寒。"雨顺点点头。

从猪圈往回走的路上，贾思勰忽然想起了什么，他让风调去把丰登找来，然后他自己先回书屋，翻看了几本书。

"家主，您找我何事？"丰登进门后，贾思勰让他坐下，说："今年旱情严重，很多粮食减产，这自然也影响到咱们的餐桌——今年的酒和肉都比往年少很多。现在临近年末，各种家族宴会和答谢宴是少不了的。依你看，现在我们有什么办法？"

丰登立刻明白了老爷的意思。他笑言："这是个好机会啊。每年都是烤猪炖羊的，我做得都有些腻了。我有不少私房素菜还没展示出来呢，待这段时间准备准备！"

转眼到了年末的答谢宴。贾思勰依然像往年一样，给大家举杯致辞。

"虽然今年天气大旱，但是大家仍然努力完成了各项农事任务，非常感谢！当然，由于客观条件的限制，我们的收成不如往年，但是比起别处同样遭受旱灾的村子，我们这儿的收成已经很不错了。希望明年能够更好！"说完，他便到各桌去慰问雇工们。

桌上的菜肴，有很多是往年没见过的。先上来的是凉菜：蜜姜、乌梅腌瓜；而后又上来热菜：油煎紫菜、缹（fǒu，少汁温火煮）"地鸡"、缹茄子……最后是主食：蜜色的截饼、"韭菜叶"面条和"猫耳朵"面片、豚皮饼、胡饭。虽然看起来很平常，可是尝起来却让人惊叹不已。

但见那豚皮饼，微黄发亮，咬一口，弹牙鲜香，有人用这饼蘸了奶酪，非常的软滑甜美。再说那胡饭，看起来只是一个卷饼，然而蘸点飘齑后，咬一口，既有腌瓜的酸爽、生菜的脆嫩，又有油脂的醇浓和芹蓼的清香。

宴会结束，大家的脸上都流露出满足的神情，甚至还有人跑过来问某道菜的做法。贾思勰好奇地问他们："为什么大家都想知道这些菜的做法？以前可从来没人问过呢！"

王二嘿嘿笑了："往年您这里都是猪牛羊那样的大菜，只要有食材，就不难做。可是我们穷老百姓家里，没多少肉啊。今年旱灾，越发没肉吃。今天老爷家的菜虽说大部分也是素的，但是吃起来却和我们平日里的滋味大不一样，所以就想问问做法。"

这一番话说罢，大伙都纷纷应和。贾思勰站到大厅中央，对众人说："厨师最近太忙了，今天终于能歇一歇。改天我请他给大家讲一讲这些菜的做法吧！"众人大声叫好。除夕将近，大家都希望自家的年夜饭上也能有这么精美的食物。

这天，大伙聚在厨房，丰登为大家演示如何烹饪素食菜肴。"大伙问得最多的就是豚皮饼里面究竟有没有猪皮，那我就先说这个吧。"丰登用沸汤调和精白米粉，和成像稀粥一样，同时让帮工在大铛锅里烧着沸汤。然后，他用小杓子将稀粉舀到铜钵里，再把铜钵放在沸汤上炖着。

他用手指拨动钵子，使它飞快旋转。很快，粉糊漫满了整个钵子。待粉糊完全凝固，饼就作成了。丰登取出铜钵，再把里面的饼揭下来，倒进沸汤中煮。等到饼熟了，再放进冷水里，最后取出来装盘。他解释："由于这种饼的颜色、厚薄都很像小猪皮，所以叫它豚皮饼。如果用肉臛（huò，指肉羹）浇上吃，味道就更像了……"

这时有人问："那个吃起来像腊肉的东西是什么？"丰登想了想，随即笑了："您说的是油煎紫菜吧？做法很简单，把干紫菜下到油锅里煎熟就行了。然后撕成一缕一缕的，端上桌来。"众人又问了其他菜的做法，丰登一一解答示范。

快到中午时，丰登摊了几张饼，再把酸腌瓜切成长条，又割了些肥肉，炙熟，然后杂和些生菜，一并放进饼里卷紧。他每卷好一个饼，就切成三段，一一分给大家。接下来，他用小碗装了醋，再把胡芹和蓼切细，倒在碗里。"这是飘齑，用来蘸卷饼的作料。"他告诉众人。

冬去春来，远远看去，田野上已经微微泛出青色。连日准备春播，很是疲累。于是贾思勰叫上风调、丰登一起出来散散步。

贾思勰说："魏国自开国以来，一直是鲜卑族人当权。所以我们的饮食习惯也随了胡人。可是，在中原地带，到底和游牧民族不同。那里地广人稀、水草丰茂、牛羊遍地，所以可以大量供应牛肉、羊肉、奶制品。

"而我们呢？旱涝、虫灾频发，人口稠密，山川林立……即便养了牛羊，也很容易生疫病。所以我们的饮食，没办法完全照搬胡人的习惯。今年的天灾提醒了我们，应该把素食的菜谱记载下来，有备无患。"

正说着，风调忽然看见远处一个人很眼熟，他道："你们看那人是谁？"丰登望过去，"像是王二呢。他在那儿干嘛？咱们去看看吧。"

"王二，做什么好吃的？也不叫上我们！"丰登走近后，笑着和他打招呼。王二见是他们，赶紧挥手道："大厨师来得正好！我在做豆豉，你再来给我指导一下吧！"待丰登走近，王二问他："煮成这样行了吧？咱们已经煮了一上午了。"丰登舀出一勺来，用手掐了一粒豆子，道："还有点硬呢。再煮煮吧！"

贾思勰道："王二，为什么忽然做起豆豉来了？你可是最怕麻烦的啊。"王二不好意思地笑了，他说："我和小娥商量好了，过几个月，请大家喝喜酒！所以现在要多做点豆豉，一方面是想做菜时能用得着；二来也想着，如果做得好，我就拿些到集市上去卖，以后说不定能靠这个养家。"

这时，丰登注意到锅里："豆子已经煮好了，再煮下去就太软烂了，做不好豆豉了！"在丰登的指导下，王二做了酿造豆豉的罨（yǎn）室，又牢记了几个关键步骤……

十天后，王二打开罨室的门，一阵浓郁的豆豉香味弥漫在这间小小的草屋里。豆豉呈现出酱油一般的深褐色，他尝了一粒，咸鲜香美，软硬适中。他想起丰登说过，想要多保存些时间，就要在豆豉成熟时就拿出去晒干。于是他赶紧把席子铺到地上，把豆豉拿到罨室外来晾晒了。

小娥拿着新煮出来的地黄汁，皱了皱眉头说："这颜色好像有点黑啊。"白棠舀了一勺，拿到窗户边上仔细看了看，道："是比平时黑多了。"这是小娥离开贾府后，第一次自己煮地黄汁，她仔细回想整个步骤，想不出哪里有问题。

白棠笑着说："咱们先歇一会儿，吃点杏酪粥吧！"小娥见她端来两碗如凝脂一样洁白的粥，但见碗中的米粒，一粒粒似青玉一般。两人尝了尝，杏仁微微的甜腻香味与麦香味充分糅合在一起，顿时暑气全消，清爽无比。

白棠说："这是王二送给你的。"小娥不好意思地笑了："白棠姐，不瞒你说，王二哥和我，打算下半年成家的。"白棠略微吃惊："总觉得你还小呢。"

小娥说："那一年，继父把我打伤之后，邻居们都劝我妈把我送到别人家去做童养媳。只有王二哥，求贾老爷收留我，所以我才有了机会在贾府里学了些染布的手艺，接着又遇到姐姐你，才有了今天的自由身。后来，我弟弟也在贾府谋了生计……这些都要感谢王二哥呢。"

白棠颇为不舍，又问道："那你岂不是要搬出去了？以后不在这里做事了？"小娥道："王二哥没有什么地，他主要是种了些树，所以我没有很多农活要干。以后还是能够在你这儿当帮工的。"白棠松了一口气。

天暗了下来，两人静静地吃着杏酪粥，说起相识之前各自的际遇。临走时，小娥说："白棠姐，我明天有事，不能来了。"白棠想到小娥要成家了，自然事情多，便说："你去忙吧。"

隔了一日，小娥回来，献宝似的拿着一口铁锅递给白棠，"姐，以后不管是煮饴糖还是煮地黄汁，用这口锅就不会发黑了。"白棠又惊又喜："你昨天请假就是去买锅了？"

小娥略显得意地说："不是买的，是我自己加工了一番。那天吃着王二哥送来的杏酪粥，颜色洁白，但是之前他送给我的是黑色的。所以我猜测，我们现在煮的地黄汁发黑，他大概知道原因。"白棠明白了："所以你去找他修锅？"

小娥笑着点点头，道："在贾府学到的一个法子。首先得做个蒿草把子，然后在铁锅里放进水，用干牛粪在下面烧……"白棠笑着打断她："好了好了，太麻烦了。以后就让王二帮我洗锅吧。我付钱给他。"

原来，白棠在洛阳时，总是在熟识的铁匠那里买锅，由于家主是大户人家，所以店铺也总是给他们最初铸出的锅，铁质精纯，不容易变黑，也很容易烧热。只是来到益都后，急于自立门户，买铁锅这些用具的时候，一时疏忽，买到那种容易变黑的。做这些锅的铁汁一般都混着渣滓，又粗又浊。

两人不住地感叹，真没想到一口铁锅还有这么多门道。以后一定要跟着贾老爷、王二他们多多学习才是。

经商之道

一大早，王二来到齐民书屋。他见主人在屋里，便拿出一小瓶豆豉道："贾老爷，多谢指点。我亲手做的豆豉已经好了，您尝尝看！"贾思勰打开盖子看了看，又闻了一下，笑言："这批豆豉看起来做得很地道。你今天就是专门来送这个的？"

王二道："是的……也顺便找一下丰登，让他教教我怎么用豆豉做菜。"贾思勰问："准备婚宴？"王二笑着点点头。贾思勰说："结婚啊，光准备婚宴是不够的。小娥的亲生父亲去世，后来母亲和继父结婚，她就老是挨打……如果生父能够给她们留下些安身立命之物，也不至于如此凄惨。"

王二皱皱眉，说："我也想了些办法，不过，现在只能养活自己。"贾思勰道:"谚语说,'穷人想发财,种田不如做手艺,手艺不如做买卖,呆在家里作刺绣,不如靠着店门装笑脸招徕。'做买卖虽是末业,却可以让人脱贫。"王二眼睛一亮:"贾老爷教教我呗?"贾思勰笑笑:"明天跟我去一趟集市。"

贾思勰原本只打算卖出一些粮食,再买入一些,所以只带着一两个随从;然而王二知道后,又叫上了小娥。小娥想到她们最近又做了一些新脂粉,只可惜小地方人少,无人问津。何不拿到集市上去亮亮相、碰碰运气?于是她叫上了白棠……这样,一大群人提着瓶瓶罐罐、食盒、麻袋一起去集市上,马车都快塞不下了。

途中,五谷问:"贾老爷,您不是最反对投机倒卖吗?为什么现在又教我们经商?"贾思勰想了想,道:"脱离农业生产而专事买卖,那是舍本逐末的行为。如果整个国家的人都热衷于倒买倒卖,那谁还愿意去种地?长此以往,必会日富岁贫。

"但是，如果把自己种的、自己制作的东西拿到市场上去卖，这是应该鼓励的。我们不仅要卖，而且还要知道别人到底需要什么，所以就必须经常到市场上来逛逛，以便改进自己的技术。"

王二拿出些核桃般大小的糖球，递给小娥。小娥分给大家品尝。风调道："这是王二给我们的喜糖吗？"贾思勰尝了一口，道："这是白茧糖吧？你们可别小看这糖，做起来颇费人工呢。"白棠尝了一口，赞不绝口，她道："王二肯定又是跟丰登学的吧！你欠贾府多少学费啊！"大家都觉得好吃，于是让丰登说说做法……

一群人说说笑笑，不知不觉到了城里。他们出来得早，进城后发现很多摊主尚未开张，于是他们找了块地方安顿下来。

按照贾思勰的分工，雨顺售卖大豆、小豆等；管家风调要去选购一些小麦。而他自己则是四处看看，了解一下今年市场上的行情与趋势。白棠和小娥把摊子摆在雨顺旁边，也算有个照应。王二帮她们搭起摊子后，也跟着贾老爷四处走走瞧瞧。

市场上各色人等熙来攘往。有马贩子大声吆

喝："各位看官仔细看啊，这里有上等的千里马！"有人牵着牛羊对路过的人说："我家的牛羊膘肥体壮不生病，买回家过年就可以生小牛犊小羊羔啊！"还有人把整头刚刚宰杀的猪运到肉铺门口，肉铺老板把它们切成一条条的，挂在摊子前那一排架子上。

一阵浓列甜美的香味袭来。他们循香望去，原来一架马车拉着一车栀子。赶车的人来到一户染坊门口，把货卸下来，一会儿，有年轻学徒出来，把栀子搬到院子里去。王二道："居然还有人专门种栀子。"

贾思勰告诉他："你可别小看这些花农、菜农。如果你有一千亩的栀子、茜草，或者一千亩的生姜、韭菜，你的身家就相当于封有千户的列侯呢！"王二感叹了一句："呵！这么赚钱啊！可惜我没有地……"

贾思勰道："从前在鲁国，有一户人家，从父兄到子弟，都遵循家规'低头有东西要拾，抬头有东西要摘'。这就是说，只要你留心，机会到处都有的。我们到那边看看去。"他们又转到一条街上。现在是上午，游人渐渐增多，街边的店铺和临时小摊主们都陆陆续续地摆出了货物——

卖酒的老板把一缸酒摆在大门口，吸引路人；酱醋铺子的伙计，则把院子里新酿好的酱倒进门厅里的瓶瓶罐罐；器皿店里，店小二正在擦拭铜器和铁器，它们在阳光下发出崭新而澄亮的金属光泽。街边的临时摊贩里，有人卖牛、猪、羊的皮；有人坐在一车柴薪旁；还有人身旁是一排竹竿和鱼竿……

不知不觉间，他们又转到自家的摊子前。只见白棠摆出了"胭脂色，白雪香"的招牌，货柜里摆了润发油、润面香脂等十来样货品，小娥静静地在摊子前摆放着一只只精致的瓷瓶和漆盒。

她们脸上淡淡地抹了一层香粉和胭脂，唇上也涂了微红的唇脂。脂粉非常细腻，香味也调得很清淡，初看去根本看不出化妆的痕迹，然而仔细看，却又显得格外清新婉丽，还带有微醺的草药香。

她们没有像其他摊主那样吆喝，不过前来观看的人越来越多。"这是做什么用的？""胭脂多少钱一盒？""这种香粉有没有用小瓶装的？""这都是你们自己做的吗？你们招不招学徒？"……王二赶紧帮忙张罗。与之相比，雨顺的摊位前略显冷清。贾思勰走过去，问了上午的交易情况。

到中午时，除了白棠和小娥还在忙碌，其他人的事儿都办完了。贾思勰带上他们到一家饭馆，点了些酒与菜。雨顺和风调汇报了上午的买卖情形，主仆三人商量了一番，计划着下半年的种植计划。

王二在一旁插不上嘴，只顾着埋头吃饭。吃着吃着，他忽然想到一个问题："我们早上看到的卖猪的、卖栀子的，都是送到肉铺和染坊里去，而你们卖粮食的，为啥不能直接卖到饭馆去呢？"

大家都没有出声，贾思勰回答说："我们家种的粮食少，只能由驵侩（zǎngkuài，大经纪人）收去。"王二夹了一筷子菜，又问："他们肯定要从中赚一笔，你们的收益不就少了吗？"

贾思勰答："直接卖给餐馆固然好，但是很多餐馆不会一次采购那么多；另外，对方开出的价格也没个准，如果今年大家的大豆都丰收了，价格岂不是压得很低？而驵侩们，可以把粮食储存起来，随时都可以收购，而且价格也平稳。"

王二道："难道就不怕他们把农民的价压得很低、全部都收来，再高价卖给需要粮食的人？"贾思勰道："这种做法短期内固然可以获利，但是长此以往，生意就做不下去了。毕竟大家都不是傻子，如果要价太高，饭馆的老板也可以直接去找农户们啊。"

说着，贾思勰夹起一条鱼，感叹道："这条鱼，店家不该买的。"众人不解，他说："这条鱼还这么小，显然还没有繁殖后代。如果渔民把小鱼都捕捞尽了，这往后，江河里不是就没有鱼了吗？"

饭后，王二给小娥、白棠带了些饼、粥和小菜，然后陪着她们看摊子。贾思勰则带着家仆们在集市上买东西。他们走到一家店门口，看到店里一位壮实的帮工正忙着把各种漆器搬到店外面。贾思勰好奇地上前询问："这么热的天，你们把漆器都拿出来暴晒，难道不怕晒坏吗？"

壮汉一边摆放着大漆盒，一边答："前阵子连天下雨，这些漆器有点潮了，我得趁着今儿个大晴天把它们晒晒。去年把它们放在阴湿的地儿，结果都朽烂了。"说着，他打开了盖子，指给贾思勰看："您瞧瞧，这盒子里面是朱红漆，本来就是和着油的，特柔润，耐得住太阳晒。"

丰登拿起一个漆箱道："我有一个这样的箱子，可惜后来坏了，没法用了。"壮汉擦了一把汗，问："您是拿它装什么呢？"丰登答："放在厨房里装调料。"

"那难怪了！放在厨房，就会有油盐酱醋沾上，日子久了自然会侵蚀到漆的下面。漆一旦起皱，漆器也就坏了。我们这里的漆器，只要是当天用过的，都必须用水洗干净，然后放在下面有支架的席箔上，在太阳底下晒上半天，干好了才收起。所以我们家的漆器，件件都结实耐用。"

贾思勰对帮工说："那你拿出几件既美观又耐用的给我们看看吧。""好嘞！"店里另外一名精瘦的伙计一边大声应和，一边麻利地把自家的漆画、漆箱、漆枕以及专供玩赏的小件漆器分别选了几样出来。

他们选完后，五谷提醒道："老爷，笔与墨也快完了。"贾思勰道："二月份我们自己做的那一批墨，确实快用完了。现在去买点吧。"

沿途看了几家，要么是味道不好，要么是墨不够细腻，贾思勰看来看去都不满意，自言自语："实在不行，就等天凉快一点儿自己做吧。"刚打算离开，忽然看到一家店门口堆放了一些树皮，贾思勰停下来，定睛看了看，然后走了进去。

一位长者正在用铁梳梳理一堆兔毫和青羊毛。贾思勰问："老人家，请问您的店有没有墨？"长者并未停下手里的活，也没有抬头，只是说："现在还有几锭今年冬天做的，很小。如果想要新墨，就等秋天再来吧。"

贾思勰面露喜色："麻烦您把墨拿出来吧，我都要了。"长者走到屋里去，一会儿拿了几锭墨出来。果然很小，每锭估摸也就二两的样子。他们付过钱后，便离开了。

夕阳西下，白棠那边也收摊了。一行人坐上马车往回赶路。在车上，王二问贾思勰："这家店的墨又小、又贵、又不新鲜，老头态度也很冷淡。为什么您还要买他家的墨？"贾思勰道："刚才你们有没有看到这家店门口的树皮？那是产自江南的樊鸡木的树皮，也就是梣（chén，木犀科的白蜡树）皮。"王二摇头。

贾思勰说："想要做成上等的墨，就得把筛得极细的烟粉末，浸在梣皮汁中。另外，他说下次做就要等到秋天了，这也说明他懂行。配制墨的时令，只能在二月、九月，因为天气暖了会败坏发臭，冷了则黏腻难干，见风就会碎裂。所以我宁可买陈墨，也不买这个季节做的新鲜墨。"

王二道："原来是这样，那为什么他家的墨这么贵？"贾思勰笑道："在梣皮汁里浸过之后，还要加入鸡蛋的蛋白、朱砂、麝香，还要捣得均匀细腻，这些都是很费成本的。"王二禁不住感叹："今天真是大开眼界了。真是做什么买卖都能赚钱啊！"

贾思勰笑道："可别看花眼了。其实普通人大可不必样样都懂，只要精于一门，便可衣食无忧。商人经营的项目多，会穷；手艺人技术学杂了，也会穷。就是因为心思不专一。"王二陷入了思索。

小娥累了一天，内心却仍沉浸在市集的热闹之

贾思勰笑道："商人经营的项目多，会穷；手艺人技术学杂了，也会穷。
尤是因为心思不专一。"

中。今天的生意，简直供不应求。她想起自己的母亲，"如果当初我们有了自己的营生，妈妈也就不会嫁给继父了，我也不会被迫离家了。"想到这里，她不禁悲从中来，同时也下定决心："脂粉和染布的手艺，一定不能丢啊！"

五谷从最开始来贾府，到现在已经过去了几年。原本以为会学着耕种，却没想到一直在书房做事。现在他已经学会了为书入潢、修补、改错。前阵子，贾老爷让他学着做笔和墨。今天到集市上，他又学了不少经验……以后，就可以靠着这些手艺安身立命了。

丰登今天在集市上看到有人卖榆荚、榆叶，他便憧憬着：自家那些榆树，明年可以有收益了吧？

风调年龄大了，在市场上转悠的时候，越来越感到力不从心。谁来接替管家的职位呢？雨顺这孩子看着还不错，不过年龄小了点；五谷更稳重些，不过他对于经营和理财方面似乎并无多大兴趣……

贾思勰思忖着："估计再有半个时辰就到家。今天在集市上学到不少新东西，和书上写的不一样呢，我得记录下来。正好也可以试试今天新买的墨。"

从马车上的车窗向外望去，田野上一片清寂，暮色四合。

回到家，贾思勰摊开纸，像往常一样，把今天的见识详细记在纸上。《笔墨》写完，这一卷也就收尾了。贾思勰起身整理了这些年的书稿笔记，耕田、种耕、蔬菜、园艺、桑蚕、畜禽、货殖加上酿造，农业的各项应该都写全了。他想了想，还应该加上域外物产。他趁今天兴致高，提笔题写了书名《齐民要术》。